Transforming Teaching
Creating Lesson Plans for Child-Centered Learning in Preschool

以儿童为中心的幼儿园教学

[美] 玛丽·L. 马斯特森（Marie L. Masterson）/ 著

刘 宇 / 译

图书在版编目（CIP）数据

以儿童为中心的幼儿园教学／（美）玛丽·L.马斯特森（Marie L. Masterson）著；刘宇译．—北京：中国轻工业出版社，2023.8

ISBN 978-7-5184-4133-4

Ⅰ.①以⋯ Ⅱ.①玛⋯ ②刘⋯ Ⅲ.①学前教育－教育研究 Ⅳ.①G61

中国版本图书馆CIP数据核字（2022）第182355号

版权声明

Transforming Teaching: Creating Lesson Plans for Child-Centered Learning in Preschool.
Copyright © 2021 by the National Association for the Education of Young Children. All rights reserved.

> 保留所有权利。非经中国轻工业出版社"万千教育"书面授权，任何人不得以任何方式（包括但不限于电子、机械、手工或其他尚未被发明或应用的技术手段）复印、拍照、扫描、录音、朗读、存储、发表本书中任何部分或本书全部内容（包括但不限于光盘、音频、视频等）。中国轻工业出版社"万千教育"未授权任何机构提供源自本书内容的电子文件阅览、收听或下载服务。如有此类非法行为，查实必究。

责任编辑：吴 红　　　文字编辑：李芳芳
策划编辑：高 君　　　责任终审：张乃柬
责任校对：刘志颖　　　责任监印：吴维斌

出版发行：中国轻工业出版社（北京东长安街6号，邮编：100740）
印　　刷：中国电影出版社印刷厂
经　　销：各地新华书店
版　　次：2023年8月第1版第1次印刷
开　　本：787×1092　1/16　印张：13.5
字　　数：145千字
书　　号：ISBN 978-7-5184-4133-4　　定价：68.00元
读者热线：010-65181109，65262933
发行电话：010-85119832　传真：010-85113293
网　　址：http://www.chlip.com.cn　http://www.wqedu.com
电子信箱：1012305542@qq.com
如发现图书残缺请拨打读者热线联系调换
220184Y1X101ZYW

译者序

一

这是我时隔两年，第二次应中国轻工业出版社"万千教育"之约翻译作品。之所以接下这项工作，还要从我的上一本译著《倾听幼儿——马赛克方法》说起。

自《倾听幼儿——马赛克方法》出版后，马赛克方法在幼儿教育一线引发了一定程度的关注，我陆续收到各地不少幼儿园的邀约，或让我去讲讲马赛克方法，或就幼儿园运用马赛克方法的情况予以"指导"。算起来，我从事课程与教学研究已有20年，从事学前教育方面的教学与研究工作也10年有余，前后涉猎的研究方向、主题多种，竟是马赛克方法引起的反响最大，颇有点出乎意料，但细想又在情理之中。

实践工作者如此关注和青睐马赛克方法，无非是我国近年来学前教育改革与发展的大势使然。自2001年《幼儿园教育指导纲要（试行）》颁布至今，我国幼儿园教育改革已掀开新的一页，"以儿童为本"成为我国幼儿园教育在新世纪的鲜亮底色。2010年，学前教育发展迎来"春天"，随后进入"快车道"。2012年《3—6岁儿童学习与发展指南》的颁布又进一步巩固了"儿童本位"的理念，"儿童自主""倾听儿童""研究儿童"蔚然成风。如果说近10年来我国幼儿园教育主要是在扩张规模，回归普惠属性，补齐供给侧短板，让广大适龄儿童都"有园上"，实现"幼有所育"，那么时至今日，在幼儿园毛入园率已达88.1%，幼儿园教育基本普及的当下，发展的重心正在逐步转向提升质量——让适龄幼儿"上好园"，实现

"幼有善育"。从儿童本位的理念出发,倾听儿童、研究儿童是高质量幼儿园教育的核心和基础,马赛克方法作为一种倾听儿童、研究儿童的方法和工具,受到幼教工作者的重视和欢迎也就不足为奇了。

然而,在和一线工作者们探讨马赛克方法的应用过程中,我发现马赛克方法看似简单、上手容易,但要想真正运用于实践,特别是和幼儿园的活动、教学结合起来并融入其中却殊为不易。究其原因,马赛克方法的突破主要在于拓展了倾听儿童的内涵和方法,虽然它也包含如何在倾听之后改进实践的步骤,但毕竟不及倾听儿童方面的浓墨重彩,在碰到丰富鲜活的课程与教学改革实践时不免捉襟见肘,不敷应用。这就使得马赛克方法的应用面临"倾听之后怎样做"的课题,需要一本主题为"以儿童为中心的教学"的著作来予以解答。恰逢此时,本书进入视野。它虽然不是被有意作为《倾听幼儿——马赛克方法》的姊妹篇来撰写的,但是真切地回答了"幼儿园以儿童为本的教学应当如何进行"的问题。两书完全可以相得益彰,帮助教师先通过马赛克方法更好地倾听和了解儿童,再运用以儿童为中心的教学支持儿童扩展经验。

二

本书由玛丽·L.马斯特森(Marie L. Masterson)博士撰写,是一本介绍如何制订与实施以儿童为中心的幼儿园教学计划的著作。书中的内容以全美幼教协会(National Association for the Education of Young Children,NAEYC)关于发展适宜性实践的《立场声明》为基础,突出了以儿童为中心的教学的优势,强调幼儿和教师合作探究、创造,以评价为基础,注重家园合作及反思性实践等。

在第一章中,作者提出了为全书提倡的教学方法奠基的理念。这些理念来源于全美幼教协会最新修订的关于发展适宜性实践的《立场声明》。发展适宜性实践要求:教师要确保在教学中尊重儿童的经验,在儿童的优势和有利条件的基础上认识儿童;教学内容要适合儿童的生活和他们学习的最佳方式;教学策略应是个别化的、针对儿童的需要的;学习情境应是有意义的、和每个儿童的自我感受相适应，让儿童对自身、家庭和社区拥有归属感并感到骄傲。概而言之，教学应在充分了解儿童的经验、生活、个性、需要、文化的前提下，以回应性、个别化的方式进行；教学应充分理解并重视游戏在幼儿发展中至关重要的作用并注重真正的、有意义的家长参与。

以儿童为中心的幼儿园教学，一方面尊重儿童的积极性、主动性，另一方面重视教师在教学过程中不可或缺的指导作用，提倡教师和儿童在探索、解决问题、创造的过程中建立伙伴关系，只不过在有些情况下需要儿童更加自主，而在另外一些情况下需要教师给予更多支持。显然，这样一种动态的教学关系很难通过单一的教学策略实现，为此，本书在第二章中构建了由儿童发现学习、儿童主导的学习、共享学习、教师引导的学习和教师主导的学习五种具体教学策略组成的教学策略连续体。其中，前两种策略偏重儿童自主，后两种偏重教师支持，共享学习则平分秋色。

第三章和第四章分别探讨了侧重儿童主导的游戏活动和侧重教师主导的教学活动。在第三章游戏区活动的计划和组织中，作者首先强调了学习目标的重要性。所谓"学习目标"，即幼儿在参与活动的时候应学到什么。是否具有清晰的学习目标是判断某个活动是真正的学习活动还是只为活动而活动的分野。教师一旦有了清晰的学习目标，就能计划真正有助于幼儿成长与发展的材料、活动和互动，并判断幼儿取得的进步和需要支持的方面。可见，儿童即便是在游戏活动中，也绝非处于完全随心而动的状态，而是有一定的方向指引，只不过这种指引更为间接，不是耳提面命，而是隐蔽在材料、活动、互动的过程中。在第四章教师主导的活动中，作者介绍了一种包含早期学习标准、学习目标、词汇、导入、教学活动、游戏区活动延伸以及对儿童学习的观察记录等要素的活动计划方式，特别是对于如何引入新信息，如何帮助幼儿在活动中运用高水平思维，避免死记硬背，以及如何在教师主导的活动中通过个别化教育指导有特殊需要的幼儿，从而构建全纳课堂进行了说明。其中，注重链接早期学习标准，突出词汇教学和高阶思维参与，以及强调面向有特殊需要的幼儿的融合教育等，对于我国幼儿园集体教学活动的计划和实施有一定的启示作用。

"教学始于向儿童学习。"发展适宜性实践的核心组成部分是尊重儿童和家人在一起的个人经验,这需要教师深刻洞悉儿童发展与学习的方式,对幼儿的行为进行观察、记录和评价。在第五章"运用观察、记录和评价来指导教学"中,本书作者把评价看作日常教学的一部分,倡导教师在撰写活动计划之前就想好通过何种方式观察、记录、评价幼儿在学习进展中处于什么位置,以及是否需要额外的支持和挑战等,并立足教学与评价融合的视角构建了由观察、记录、反思、调整策略和评价学习五个要素组成的评价循环。尤其具有实践价值的是,本章详细地介绍了真实性评价的特点、类型以及幼儿能力水平的描述方法,对于评价循环的落地提供了具有操作性的支点。

第六章主要聚焦于家园合作,将教师与家长的交流建立在关系本位的哲学和理念的基础上。这种哲学和理念认可亲子关系、师幼关系对幼儿发展的重要作用,高度重视家长对教学计划和实施的参与,倡导教师和家长建立互惠的伙伴关系,以确保家庭和班级中的教育具有一致性。作者特别强调要以突出儿童优点的方式和家长分享,充分考虑不同家庭在经济、文化、社会等方面的差异,不武断地假设某些文化或社会经济地位对幼儿的教育不利,而是着力了解每个家庭的优势是什么,把家庭拥有的资源作为教学决策的根本。从这一立场出发制定的策略将使家园沟通超越单一的命令配合,甚至相互埋怨指责的关系,使家庭和幼儿园真正成为幼儿成长的共同助力。

除却丰富的内容外,本书的组织架构也迥异于我们常见的学前教育专业书籍(要么侧重理论阐释,要么侧重案例汇编),将实践、扎根理论和政策等有机地结合起来。全书不仅遍布着各种各样的教学场景片段,而且借助教学小贴士、个别化教学、有用的提示、备课资源、活动计划案例等栏目,为读者织就一张从书本上的策略通往实际操作的细密的路网,大大提高了本书对于一线教育工作者的参考价值。然而,本书又不是纯粹的操作手册,而是和相关的研究成果以及专业标准紧密联系的著作,突出体现在"链接研究"和"链接全美幼教协会《早期学习项目认证标准和评价细则》(*Early Learning Program Accreditation Standards and Assessment Items*,NAEYC,2018)"两个栏目中。面对这样一本书,难怪作者会自信地说："如果你是一位有经验的教师，那么本书可以帮助你评价你现在所处的发展阶段，进而试验一些新想法……如果你刚刚开始自己的教学生涯，那么本书将为你带来具有实用性和启发性的知识基础，从而丰富你在课堂和共同体中的实践。"无论你是新教师还是从教多年的教师，都能从中获益。

三

尽管本书的内容建立在美国发展适宜性实践理念的基础之上，但对我国当前及未来的幼儿园教学的改革发展仍有重要的启示意义。

例如，我国曾长期把教师主导的集体教学活动作为主要的教学模式，经过改革后开始突出幼儿的主体性，转向以自主游戏为代表的教学模式。随着改革的深入，到底如何处理这两种模式的关系成为关乎改革走向的迫切问题，而本书提出的统合儿童主导的教学模式和教师主导的教学模式的教学策略连续体为这一问题的回答提供了启发。

又如，随着《幼儿园保育教育质量评估指南》（以下简称《评估指南》）的颁布，评价改革正在成为我国进一步深化幼儿园教育改革的新课题。《评估指南》要求保教质量的评估方式应注重过程评估，强化自我评估，坚持以评促建；幼儿园园长、教师提升自身评估素养，增强将评估结果运用于保教活动改进的能力是《评估指南》落实的关键，而本书中的五要素评价循环及真实性评价都可为之提供帮助。

当然，美国的学前教育毕竟和我们有诸多不同之处，有些方面还相差甚远，因此，虽然本书的实操性很强，但是我们仍难以奢望从中直接找出"怎么做"的妙招来搬用。事实上，我很怀疑在情境性很强的教育实践领域，有任何一本书能起到这样的作用。对于他人分享的任何知识、经验，读者最终必须将其与自身所处的情境反复且持续地对照、比较并进行反思，方能在某一时刻茅塞顿开，心有所悟。这便是一个反思性实践的过程，而这一过程不仅需要一本好书，更需要实践者自身拥有"灵活的思维方式和做出积极改变的热情"。

四

在本书行将付梓之际，我要再次感谢"万千教育"策划编辑高君老师。这是我和高老师的第二次合作。在商定由我承接本书的翻译工作后，高老师对后续工作的进展采取了不催促的态度，给予了作为译者的我充分的尊重和信任，也让我能够在自我感觉最舒服的状态下完成了这项任务。

刘宇

2022年9月

前 言

当你要撰写一个活动计划的时候，你会想到什么？或许你会使用一份日程表，按照周历安排依次开展活动，记录下要投放在游戏区的材料和小道具；或许你会按照一套学前教育的标准、活动计划或学区要求的活动顺序工作；或许你还有一些经过尝试被证明非常有效的活动方案，它们聚焦于一些特殊事件或一年中的某些特殊时段，如返校日或换季的时候。除此之外，还有什么步骤或想法能够帮你改进计划呢？

这本书意在表明：当教师将活动计划作为有效教学的原动力时，可能发生哪些事情。在工程领域，原动力是这样一种机制：它接收能量输入并将其动力来源转换成有用的工作或行动（Encyclopedia Britannica，n.d.）。同样，活动计划也能成为你手中创造性的、有目的的原动力，去激活、赋能并组织高质量教学的各个要素。

不管你现在正在使用何种活动模板，本书都会为你提供新的方法以改进你的活动计划和组织情况。每一章都会介绍真实的案例，并表明当教师们一起致力于使教学更为丰富、个性化的时候可以做些什么。以儿童为中心的活动计划，对你日常工作中时间、精力的利用以及儿童的学习和参与质量都会产生积极的影响。

活动计划如何满足各种要求

许多教师认为，完成所要求的活动计划、观察和教学任务充满了挑战。你要如何说明当孩子们把购物袋挂到胳膊上并兴高采烈地将童车推来推去时，他们正在学习什么？当孩子们在戏剧游戏中假装成救援人员时，活动计划会帮他们学得更好吗？你能够做些什么以提高他们的语言和社会技能呢？你所选择的方法将反映课程的教学哲学、家庭和社区背景，以及儿童个体的学习需要。

对教学的重视也反映了该领域日益增长的复杂性。你的关注点既要包括具体的学习目标，又要保持灵活性以满足儿童的需要。你既要和孩子们当前的所学、所做步调一致，又要把他们明天需要学习的技能牢记在心。

周主题是你开始计划过程的绝佳起点。例如，一个有关自然或园艺的主题可以这样安排：周一，万物生长；周二，喂鸟；周三，播种；等等。你可以投放包括歌曲、书籍、游戏及其他与这些概念相关的材料。在科学区、自然角，你可以提供泥土、园艺手套、种子袋、铲子、喷壶和小罐子。在戏剧游戏区，你可以准备一个植物售卖活动，投放收银机、指示牌、价签、收据本等材料。用这样的方式，你将提升儿童在游戏中的学习效果。

更大范围的课程包括项目式学习（project-based learning）、单元学习（units of study），以及可以拆分成更具体的话题（topics）的主题（themes）学习活动。与此同时，额外的对话和活动还有可能从儿童的好奇、兴趣和想法中生成。所有的发展和学习领域必须以回应儿童独特的发展、文化及语言特点的方式予以加强。

活动计划还能帮助你在适应儿童的需要方面变得更加卓有成效。或许早上的游戏进展得顺利，但你不确定是什么起了作用。或许你看到儿童在近距离玩耍的时候发生了争执，但你不知道怎么改变才能使材料和空间更好地发挥作用。或许你想引入更富创意的图书供幼儿阅读，但不确定怎样把这些概念延伸到游戏中。一份详细的活动计划能够帮助你理解环境中的每个元素——互动、材料和活动——并且做出调整，从而切实地让儿童的参与更容易、更成功。

本书的作用

本书提供了一系列与儿童的学习行为特点相匹配的策略。你可以选择教师主导的微课或有指导的小组活动,也可以启动一个短期探究项目,比如,探索资源的回收利用或蝴蝶。这些策略会帮助你充实你的工具箱,在里面装入能提升你的教学能力的小窍门。不管你采用什么策略,都要确保支持儿童的独立和合作游戏活动,以拓展、增强儿童的能力。

在每一章中,你都会发现循序渐进的提示和行动步骤,从而帮助你最优化地利用独特的环境。你会了解到这样的教师,他们认识到每个儿童独特的知识、技能及文化和语言经验是学习的财富(NAEYC,2020)。你会探索这样的课堂,它反映并增强儿童的"社会身份、兴趣、优势和偏好;个性、动机和学习品质(approaches to learning);知识、技能以及与其文化经验相关的能力,包括家庭中使用的语言、方言和土话"(NAEYC,2020,p.7)。此外,你还将探索如下方面的新途径:

- 以早期学习指南和标准为基础,使计划和交流的作用最大化;
- 鉴别材料、活动、常规和互动的学习目标;
- 设计与日常生活、家庭、文化和社区相关的戏剧游戏主题;
- 融入丰富的词汇经验来支持儿童的语言发展;
- 支持执行功能发展,提高儿童的自我调节能力;
- 激活情感导向的目标和进行有效的行为指导;
- 评价并调整空间和材料以满足儿童的生理需要;
- 满足双语学习者的语言和社会需要;
- 准备有意义的、激励性的认知经验;
- 把学科技能、语言和读写与戏剧游戏联系起来;
- 整合家庭资源,并将其作为儿童发展和学习的优势和财富;
- 和同事有效地交流,以确保为儿童提供高质量的学习经验。

全美幼教协会的《早期学习项目认证标准和评价细则》为幼儿提供了获得高质量经验的重要基础。本书中呈现的内容和活动计划信息与全美幼教协会的如下指标一致。

- 它认可在所有儿童和成人之间建立积极的关系是必要的，以引发每一个作为共同体之一的儿童的价值感和归属感，促进每一个儿童作为负责任的共同体成员贡献自己的能力（标准1：关系）。
- 它支持使用这样的课程：这类课程与它确立的儿童发展目标相一致，并能促进儿童在社会、情感、身体、语言和认知等每一个领域的学习和发展（标准2：课程）。
- 它推动使用多种多样的，具有发展、文化和语言适宜性的有效的教学方式，促使每一个儿童在项目课程目标背景下得到学习和发展（标准3：教学）。
- 它提出使用多种多样的、正式和非正式的评价方式来提供有关儿童学习和发展的信息。这些评价在教师和家长互惠交流的背景下进行，同时对儿童成长的文化背景保持敏感。它运用评价结果影响关于儿童的决策，提升教学实践效果，并驱动项目的改进（标准4：评价儿童的进步）。
- 它确保教师和每个儿童的家庭建立并保持合作关系，以在所有情境中促进儿童发展。这种合作关系对儿童的家庭构成、语言和文化保持敏感（标准7：家庭）。

各章构成要素

每一章都从一个教学场景开始，为后续出现的许多内容搭建了一个舞台，邀请你深入挖掘并在自己的环境中应用你所阅读的内容。遍布于各章的教学场景或课堂案例，展现了教学实践，并且代表着多种多样的学前教育环境和情况。它们以实践性的、有用的方式来说明诸多原理和策略。

各章的构成要素包括：

◆ 教学小贴士

这部分内容详细地说明了可以使你在满足儿童的学习和社会需要方面的成效最大化的实用技能。你会在这部分获得有关准备、观察、材料、用词、学习支持、鼓励儿童选择以及充分利用教学时机等方面的想法。

◆ 链接研究

有关儿童发展的研究，推进了各种有助于提高儿童能力的活动和互动。这些易于关联的链接会确保你了解最新的信息。

◆ 个别化教学

这部分会把儿童发展及其与家庭、社区和文化的关系联系起来。你还会发现，它考虑到了正在学习多种语言的儿童。

◆ 有用的提示

这部分内容主要包括使活动计划更有效的建议。

◆ 平衡点

敏感性和回应性在教师和学前儿童的互动过程中至关重要。相关的主题包括使用反思性实践、正向交流、游戏中的行为引导、社会情感学习、从儿童的视角看问题，以及对自我调节和积极行为的支持。

◆ 备课资源

为了帮助读者进一步挖掘课程资源，这部分提供了早期筛查与干预、为有特殊需要的儿童做调整的要点、州早期教育指南、创造性活动、教学资源和国家组织等资源。

◆ 田野笔记

由一线教师分享的，如何使课堂组织和计划更简单的实用见解和策略。

◆ 活动计划案例

这些材料包括完整的活动计划，内含详细的词汇和概念使用策略、书单、对有特殊需要的儿童的个别化教学策略、支持多种语言的学习者的策略，以及游戏区域的主题延伸等内容。

◆ **链接全美幼教协会《早期学习项目认证标准和评价细则》**

这部分内容使课程计划、有效教学、评价和家庭参与扎根于专业指南和高质量的实践。

◆ **反思性问题**

每章结尾的反思性实践问题将启发你成长,并可以用于个人学习或小组讨论。

如果你是一位有经验的教师,那么本书可以帮助你评价你现在所处的发展阶段,进而试验一些新想法。你可能已经有一套有价值的课程准则,并在其指导下决定你优先处理的事情和教学风格。你可以把本书中的资源作为一个整体来使用,或者采用部分内容以更新、丰富你的现行策略。你可以从自己已经拥有的工具开始,在此前开展的有效活动基础上前行;尝试某种不同的策略,或加上一个新的行动步骤,但不要试图一下子做所有的事情;实施那些对你的工作有启发的想法,要"切实可行",并且对你特定的活动、方式和环境有意义。随着时间的推移,小步子会激发新的创造、能量和效果。

如果你刚刚开始自己的教学生涯,那么本书将为你带来具有实用性和启发性的知识基础,从而丰富你在课堂和共同体中的实践。书中每一章都会帮助你想象、计划并实施有效的教学实践。

目 录

第一章　为教学奠基 // 001

学习的庆典 // 002

用发展适宜性实践帮助儿童茁壮成长 // 005

把教学和儿童的生活联系起来 // 009

理解游戏在儿童发展中的角色 // 012

教学时"心中有儿童" // 014

探索以儿童为中心的教学特点 // 019

活动计划案例 // 021

第二章　让活动计划真正发挥作用 // 027

吸引儿童主动学习 // 028

规划各种各样的教学情境 // 030

探索以儿童为中心的教学中的支持水平 // 035

既一以贯之,又保持灵活 // 047

活动计划案例 // 051

第三章 准备以儿童为中心的主题和游戏区 // 057

识别游戏中的学习目标 // 058

认识到发展和学习领域之间的相互依存关系 // 061

支持正在生成的技能和倾向 // 063

进一步挖掘以儿童为中心的教学所涉及的内容与技能 // 065

在游戏中促进语言发展 // 071

为多语学习提供丰富的情境 // 076

运用个别化支持 // 079

活动计划案例 // 082

指向大概念和概念的样书列表 // 087

第四章 计划教师主导的活动 // 093

介绍新信息 // 094

让儿童运用高水平的思维 // 096

遵循计划 // 098

指导有特殊需要的儿童 // 104

用好学习目标 // 108

活动计划案例 // 114

第五章 运用观察、记录和评价来指导教学 // 121

对幼儿评价的理解 // 122

理解评价循环 // 124

从真实性评价中受益 // 128

真实性评价的类型 // 131

评价和支持使用多种语言的儿童 // 145

致力于伦理性实践 // 150

第六章 拓展与家长和同事的交流 // 155

计划和交流是高质量教学的支点 // 156

使用突出优势的话语分享信息 // 158

乐享关系本位的教与学 // 163

设定目标，确定优先项并分享进步 // 166

运用活动计划促进家长参与 // 172

活动计划案例 // 177

参考文献 // 183

第一章 为教学奠基

学习的庆典

沙盘边的乔治戴着厨师帽,用勺子舀沙子并给它喷水。他用手把沙子牢牢地塞进一个塑料盖子,说:"我在给妈妈做玉米饼。"阿丽亚老师微笑着问:"里面放了什么呢?"乔治回答:"玉米和水。"阿丽亚老师又出示了一些材料,说:"这是抹面的铲子。平的那面可以把面团抹开,然后你可以往里面放卷心菜。谁要来吃饭?"乔治回答:"我姐姐。"阿丽亚老师说:"你可以向阿拉贝拉展示一下怎么做饭。"

阿丽亚老师计划的材料和孩子们的已有经验很匹配。乔治生活在市区中一个来自萨尔瓦多的大家庭。乔治的姐姐们经常来学校接他。阿丽亚老师知道他们所有家庭成员的名字。她的"小厨房"里有搅拌咖啡的木质搅拌棒、抹面的铲子、调味用的研钵和杵等工具。孩子们还使用附带许多小碗状模子的轻型煎锅。这些材料对孩子们而言是熟悉的,能引发他们模拟现实的游戏。

这周的主题是帮助他人。阿丽亚老师脑子里有具体的目标。她仔细观察孩子们如何使用材料。她已经在一张小卡片上写下了提示语和关键词。她随身带了一个写字板,在上面写下儿童所说的话。她把一个小数码照相机放在写字板后面的口袋里。孩子们知道她会用照相机给他们拍照。教学需要在积极参与和退后看看孩子要做什么、说什么之间保持平衡。

阿丽亚老师最有效的教学工具是观察儿童。借助观察,她从孩子们那里学到的东西,和孩子们从她那里学到的东西一样多。例如,在戏剧游戏中,埃米尔想按大小把塑料杯子摞起来。他试了几次没有成功。尽管阿丽亚老师很想向埃米尔展示怎么摞才合适，但她只是温柔地提醒他："你先放蓝色的杯子会怎么样呢？"当埃米尔把红色杯子插入蓝色的杯子时，他咧嘴笑了。阿丽亚老师用行动回应了埃米尔的进步，她在科学区增加了一堆贝壳，供埃米尔和其他孩子按大小和颜色分类。通过观察儿童在某一个区域中表现出的新技能，她能够调整其他游戏区的挑战水平和复杂性程度，以加强儿童的学习。

尽管阿丽亚老师是一个积极的参与者，但她仍然会等到儿童在对话中自然停顿时再说话，或者再介绍使用道具的新方式。她不会去接管儿童正在做的事，而是追随儿童的想法。有时，她会帮助孩子们移动桌子或调整空间，以更好地支持他们的工作。作为游戏促进者，她喜欢帮助孩子们深入进行想象性的思考。她帮助孩子们寻找服装和道具，以更好地表现人物，表演故事。她向孩子们展示如何将盒子变成一列火车或一只独木舟，将一条围巾变成一件斗篷或一块头巾。她向孩子们演示如何使滚落到沙子里的松果以不同的方式组成有趣的图案。她给孩子们提供马克笔，让他们在购物单上画出制作一道菜所需的配料。孩子们渴望去创造，渴望利用他们的所知去做事。

阿丽亚老师在区域自主活动结束后让孩子们围坐在一起，邀请他们描述游戏过程中最好玩的部分。当乔治说他在烧卷心菜的过程中点着了普普沙（*pupusas*）馅饼的时候，大家纷纷笑起来。他说是瓦尼亚和马里奥过来扑灭了火。路易斯和马克斯分享了在玩积木游戏的过程中，他们对医院屋顶直升机停机坪的位置产生争议，最后把整个建构物改成一个机场的故事。其他儿童听了都点头表示理解。帮助他人和社区服务的主题在孩子们分享他们的故事时得到了生动的展现。这个分享环节可谓一场学习和快乐的庆典。

教学小贴士：观察学习

教学始于向儿童学习。儿童通过游戏选择，通过他们喜欢的材料和图书来表达他们的兴趣。他们对什么满怀热情，或者犹豫要不要去尝试某种新经验表明了他们的需要。儿童不但通过他们正在做的事情诉说，还通过他们不做什么来表达。例如，一个在小组阅读期间玩鞋带的儿童，可能比注视着你且需要你给予鼓励才敢分享想法的儿童拥有更明确的目标。一个在精细动作活动中抖腿的儿童可能会分散其他同伴的注意力，不过他只是在试图消耗能量而已。你可以给他提供更大的空间，或鼓励他站在桌旁而不是坐着。你可能会看到一个儿童扭过身子挡住玩具，此时就需要帮他用言语表达他的需求并给他提供更多材料。当孩子们独自站在旁边或没有充分参与活动的时候，说明他们需要支持。他们的言语、面部表情和肢体语言，都显示出一切尽在他们的掌握中，或者他们正在竭力应对情况。

理解有形的线索能够带动实践。你需要深入了解每一个孩子，以积极、敏感的方式回应他们，发展他们的能力。当你观察儿童的时候，你在看些什么？下列问题可以帮你更充分地调整好自己，为观察设定清晰的目标。

你是否希望儿童尝试掌握特定的目标技能？ 何种操作和游戏能增强儿童对数学概念的理解？重复性的图书、歌曲或单词游戏可以加强儿童哪一方面的语音意识？邀请儿童搜集自然材料会增加其对写科学日志的兴趣吗？

你想看到儿童如何解决问题、监控任务、完成项目、接近情境或与他人互动吗？ 在环境、社会互动、空间或时间限制等要素中，什么正在影响儿童的行为？儿童正在运用什么策略应对学习或社交方面的挑战？

你注意到有哪些相似点或模式了吗？ 儿童在受挫前寻求帮助了吗？他们独立活动的时间比合作活动的时间更长吗？他们交流想法的能力在逐渐增强吗？他们的身体技能或行为规范有变化吗？他们的某些发展领域正在领先于他人吗？

你看到了什么样的能力和兴趣？ 儿童的口语技能跟得上他们表达的需要吗？在具体的活动中，他们的精细动作技能增强了吗？你注意到新的兴趣、问题和想法了吗？

儿童需要何种支持？ 什么样的问题会鼓励儿童进行更深入的思考？有没有其他的概念或技能是你能示范的？用什么词语可以打开儿童的思路？你需要教授或者评论社会技能和解决问题的方法吗？

什么因素有助于活动的成功？ 儿童有充足的自由活动的空间吗？是否有足够的材料支持某一类游戏的开展，保证一定数量的儿童参与？活跃的游戏和安静的游戏之间平衡吗？活动的复杂程度和所要求的技能水平满足了所有儿童的需要吗？

记录你所看到的最佳方式是什么？ 儿童的哪些言行表明了他们的思考过程？关于活动，儿童都讲了些什么？哪些具体的记录能捕捉你所看到的儿童正在掌握的技能？为了促进儿童的知识、理解为或素养发展，你想要介绍给儿童的下一个技能是什么呢？

为了满足儿童的需要，你要最大限度地利用教学时间去倾听、观察并调整自己的回应方式。例如，在休息期间，儿童注意到树皮有的粗糙，有的光滑；针对儿童的好奇心，你可以引入戴安娜·L.伯恩斯的《树、叶子和树皮》(Trees, Leaves, and Bark, Diane L. Burns）或相关绘本以支持儿童在科学区的探索。你可以评价孩子们回应和参与的方式，并用这类信息拓展你的活动计划选择。

田野笔记：做最好的自己

教学不仅关乎孩子们，也关乎我自己。为了保持最佳状态，我需要好好休息，保持机敏。为了进行有意义的对话，我需要正能量，需要集中注意力。我想拥有创造力和影响力。每晚仅多睡30分钟就能带来变化。周末，吃一些健康的零食也很有帮助。和同事们一起开展的读书俱乐部活动让我保持积极性。在写活动计划的时候，我总是受到鼓励去做最好的自己，孩子们因此也能成为最好的自己。我希望他们带着从我身上看到的优点（如创造性、耐心和好奇心）一点点成长。

用发展适宜性实践帮助儿童茁壮成长

莫娜老师给孩子们讲了一个有关乔斯和他的兄弟的故事。故事中，男孩们和他们的叔叔乘公共汽车去当地的鱼市。今天是他们祖母的生日，很多亲戚要来。男孩们告诉店主，他们的妈妈需要虾、藏红花和荷兰芹。他们带上袋子，付了公交车费回到家。当跑进前门时，孩子们闻到了好吃的米饭的香味。他们拥抱了他们的母亲和祖母。

故事讲完，莫娜老师问孩子们："你怎么帮助你的家人？"海登回答："嗯，我家的房子很好闻。我帮助妈妈吃东西。"孩子们发出了友善的笑声。米格尔加上一句："我帮助妈妈照顾我们家的小孩。"莫娜老师说："家人需要我们的帮助。"

莫娜老师想让孩子们理解，家人之间要互相帮助。她从这些孩子熟悉的事——乘坐公交车去市场开始。莫娜老师知道孩子们喜欢和亲戚们在周末聚餐。重要的是，她想让孩子们认识到，那些故事中的人就是他们自己。

全美幼教协会有关发展适宜性实践的《立场声明》已经进行了修订，强调以优势为本的教学方式。教师们必须理解，许多因素影响着儿童的学习和发展，当孩子们在课堂中拥有归属感、身份感和价值感的时候，他们学习的动机最强。

发展适宜性实践的核心组成部分是尊重儿童和家人在一起的个人经验。教学活动对每个儿童及其家人而言必须是有意义的、相关的且尊重他们的。这样的环境能让孩子们对学习产生认同感，带着自豪感去学习。全美幼教协会解释道，教师必须要"充分考虑特定儿童的具体能力、兴趣、经验和动机，或者其家人的文化、偏好、价值观及育儿实践"（NAEYC，2020，p.34）。

发展适宜性实践需要教师深刻洞悉儿童发展与学习的方式，包括要了解新的技能是如何在已有技能的基础上生成的。教师需要把正在生成中的新技能识别出来，并且知道何种活动、支持能够推动儿童的学习。教师懂得什么样的做法是具有个体适宜性及文化适宜性的，有助于确保每个儿童达到具有挑战性且可完成的学习目标。

发展适宜性实践的修订版放弃了存在一种"最佳实践"的想法。该版本指出，"倚重存在某种'最佳'实践这一理念的教育者，常常在他们自己的实践基础上做出假设，而他们的实践并未吸收各种不同群体的广泛经验。如果没有充分考虑特定儿童的具体能力、兴趣、经验和动机，或者其家人的文化、偏好、价值和育儿实践，那么在决定最适宜该儿童的实践时，这些假设就可能带有偏见"（p.34）。修订版还要求早期儿童教育者"在证据、研究和专业判断的基础上"做出决策，并和全美幼教协会的《早期儿童教育者专业标准与素养》（Professional Standards and Competencies for Early Childhood Educators，NAEYC）相一致。根据有关发展适宜性实践的《立场声明》，"教育者要在每个儿童的优势基础上，在留心不伤害每个孩子的身体、认知、社会性或情感等任何一个方面的前提下，去设计、利用学习环境，帮助每个儿童发挥其在各个发展领域和所有内容领域的全部潜能"（p. 5）。发展适宜性实践依靠教育者对儿童家庭的敏感性和全纳性，以及对儿童在技能、能力、经验、语言等方面广泛存在的多样性的回应。这需要教育者"利用大量的技能和动态的知识基础来做出决策，有时还要设法平衡乍一看相互冲突的要求，以便处理好范围广阔的多样性"（p. 34）。运用发展适宜性实践理念，你将会不断地成长，不断地了解到，在你所属的独一无二的环境和社区中，不同儿童和家庭的具体需求。

发展适宜性实践确保：

- 尊重儿童的生活和日常经验；
- 在儿童的优势和有利条件的基础上认识儿童；
- 教学内容要适合儿童的生活和学习的最佳方式；
- 教学策略应是个别化的、针对每个儿童的需要；
- 学习情境应是有意义的，和每个儿童的自我感受相适应；
- 让儿童对自身、家庭和社区拥有归属感并感到骄傲。

发展适宜性实践能够为教师赋能，帮助教师开展更有效的教学。当你透过发展适宜性实践的镜头凝视，你能看到每个儿童每时每刻的看法。在你准备活动的时候，想想这个活动对他来说是怎样的：太复杂还是太简单？你的指导有意义吗？安排材料的方式对使用者友好吗？你对材料的讲解和演示对这个儿童有吸引力、有意思吗？有什么感受、日常经验以及家庭故事能和你要呈现的新信息联系起来吗？这些问题对于你能否让孩子们感到放心并充分参与至关重要。

平衡点：运用反思性实践

米尔德丽德和詹姆斯两名教师的学前班教室相邻，他们每周四在孩子们离园后会面。他们轮流到对方的教室去，因而能以实用的方式帮助彼此。米尔德丽德说："有了新的辅助材料，不止三个孩子想去积木区。你能帮我扩大这个区域吗？"

当他们挪动积木，往后推架子以扩大空间的时候，詹姆斯分享了一个想法。

"当我在学校主持家长会的时候,"他说,"家长和我一起待在教室里,我感觉很舒服,感觉一切尽在掌握中。但当我去学生家里拜访的时候,我感觉有点紧张。在近期的一次家访过程中,我非常兴奋地分享一个孩子的成就。因为那个优秀的学生和我们一起待在客厅里,所以我想直接赞扬他。我说,'好样的,小子'。然后,我感觉到他的家人很不舒服。我马上道歉,他的家人也非常大度地原谅了我。这件事发生后,我才想到'小子'这个词可能带有贬义。事后我和一位导师谈了话,又读了几篇论文,帮助自己更多地了解无偏见的交流。我想以后要三思而后行,避免使用带有刻板印象的语言。你认为,把这个主题提出来当作接下来的教师会议的主题怎么样?"

米尔德丽德回答道:"我为你碰到了这样的事而感到遗憾。我知道在遣词造句方面我们拥有很大的权力。让我们告诉柯莱瑟老师我们想把这个主题优先排上日程。我们为什么不要求就反偏见教学进行一次更充分的对话呢?我已经想在我的课堂上更系统地引入反偏见课程和对话了。"

因为米尔德丽德和詹姆斯经常见面,他们可以触及一些个人的、深刻的且影响到他们的教学选择的主题。对于引入富有挑战性的主题,他们感到放心。他们已经很看重彼此的反馈和支持了。

持续的反思是发展适宜性实践的基础。个人的信念和假设会影响教学决策,特别是当你和身有残疾的儿童互动,或者教语言、文化背景与你不同的儿童时(Kucharczyk, Sreckovic, & Schultz, 2019; Madrid Akpovo, 2019; Whittingham, Hoffman, & Rumenapp, 2018)。要确保对来自不同种族背景的儿童抱有无偏见的期望,给予他们积极的支持,运用反思性实践至关重要。反思包括:识别假设,评价教学决策及其影响,理解影响儿童学习的因素,灵活、自发地创造积极的改变。和同事交流能够帮助你深入探索你的思考和实践。

和同事一起进行有意识的反思,能够使隐性的观点得以显现,有助于我们转向以儿童的优势为本的假设和信念。这样的认识始于反思、开放的思想、好奇心和文化移情(Cushner & Chang, 2015)。反思帮助我们超越对"正确的或最佳的"教学方式的寻求,从而探索每个儿童的优势和需要,以及文化在儿童的生活中所扮演的角色。

反思性实践促使你花时间深入了解儿童和他们的家人，包括询问家长对孩子的期望和目标是什么。这要求你和家长就对儿童的期望达成同样的理解。例如，你会要求家长引导你把各种与文化有关的经验整合进游戏过程。寻找与儿童的经验和兴趣相匹配的图书。这种实践会启发你考虑教学和规划活动的新方式。

反思性实践要求你有意识地聚焦问题并投入时间。目标可以是通过头脑风暴解决现有问题，或者学习新技能。尽管反思性实践是个人成长的一部分，但来自他人的见解有助于我们发现隐藏的问题，或者使两难的问题得以显现。让你快速开始成长的最佳方式就是和同事定期会面，以及邀请家长给你反馈。反思性实践包括在日记中记录想法，或者回顾教学视频；也包括围绕指定主题召开小组会议，邀请专家解答问题，或者创办小组读书俱乐部。一个实践共同体可以带着共同成长的目标对新主题进行系统探索。重要的是，反思性实践需要灵活的思维方式和做出积极改变的热情。这种开放式的合作会得到难以置信的回报，你会更深入地理解儿童的需要，成为一名更具同情心和回应性的教师。

把教学和儿童的生活联系起来

劳伦老师的班级参观儿童博物馆，看莫·威廉斯（Mo Willems）的故事展览。在孩子们和书中人物互动且观看了故事的动画版后，劳伦老师邀请他们解释并记录自己的故事。伊桑举起他画着紫红色大鸟的画，说："我的鸽子开公共汽车，带孩子们去学校。"杰达也展示了她的画："我的鸽子请她的朋友去图书馆。他们读了书架上所有的书，看过的书在地板上堆了一大堆。他们的妈妈不得不去收拾这个烂摊子。"

劳伦老师知道，参观博物馆能激发孩子们讲故事的动机。这次参观让孩子们亲眼看到了活灵活现的书中人物。劳伦老师想让孩子们对他们的讲述感到自豪，于是用数码照相机记录了他们绘画和讲述故事的过程。她把视频放入孩子们的档案袋并分享给他们的家人。孩子们的故事反映了他们在博物馆的真实经历。

回应性教学把学习和儿童的生活联系起来。儿童会在课程、材料和活动中发现他们的经历。在实地参观、讲故事、做游戏和对话的过程中，儿童了解了他们的同伴，了解了世界，也了解了自己（Bennett et al., 2018）。文化不仅仅包含饮食、节日和服装。课程内容及其中的形象应该反映多样的民族、种族、语言、社会背景、性别、年龄和能力。图书和展示物中应包含儿童熟悉的画面和故事，并传递有关儿童生活的正面信息。教师鼓励儿童以他们的家庭和邻里为傲。这些优势和有利条件为儿童产生身份感和归属感提供了背景。文化影响着儿童对于自身及其所处世界的感知的发展（Guo，2015）。

文化还影响着教师提问的方式，他们对于责任和服从的信念，以及他们会多快走上前去帮助儿童（Gibbs，2005）。文化影响着教师对于儿童应该怎样合作、交流、解决问题的期望（Bornstein，2013）。文化还影响着有关儿童养育的信念，以及教师更希望儿童直接服从自己，还是采取更为民主的方式做出决定（Rasaol, Eklund, & Hansen，2011）。这些信念经常未经省察，却能影响教学选择。

对家长而言，文化影响着他们对于权力的感知，影响着他们赋予教师的权威有多大，也影响着他们在心态上是更倾向于畅所欲言还是将事情深埋心底（Calzada et al. 2015）。文化规范影响着儿童是选择与成人"步调一致"，还是坚持自己的想法和做法。文化还影响着人们在与他人互动的时候是更为随性还是更为正式。

当你和来自不同文化、种族，或者说着和你不同语言的儿童互动时，重要的是要尽你所能地了解他们的不同期望和价值观。你可以通过自己的研究，通过和熟悉儿童的家庭、社区的"文化代表"（cultural broker）对话，通过和家长、儿童的对话来完成（Massing, Kirova, & Henning, 2013）。和同事、家长开诚布公的交流能从根本上推动你的成长和认识。

个别化教学：使用优势本位的方法

贾斯珀老师读《田鼠阿佛》（*Frederick*）和《自己的颜色》（*A Color of His Own*）给孩子们听。两本书都是由李欧·李奥尼（Leo Lionni）创作的。他让孩子们谈谈草地、梦想、藏身处和艺术家是什么意思。贾斯珀老师说李欧·李奥尼是一位用色彩讲故事的艺术家。孩子们说，在画画的时候他们就是艺术家。讲完故事后，孩子们兴高采烈地用画架画画。贾斯珀老师邀请埃斯梅拉达讲讲她的画："跟我说说这些漂亮的颜色。"埃斯梅拉达解释说："这是日落。黑色的是云，橙色的是太阳。"贾斯珀老师说："你就像阿佛一样，喜欢为冬天储存颜色。"埃斯梅拉达说："我妈妈是个艺术家。她会画我。"贾斯珀老师点头道："你像你的妈妈一样，也是艺术家。她会很喜欢看到你这些漂亮的颜色。"

贾斯珀老师听出了埃斯梅拉达话里的骄傲。他用"艺术家"一词表明埃斯梅拉达的画非常重要。他想让埃斯梅拉达认识到她的创作价值。

优势本位的方法接纳家长与儿童的人生价值观、资源、知识和社会网络。你要摆脱紧盯缺陷的思维方式，转而聚焦于优势。你可以不认为那些家庭是"处境不利的"，你可以认为其在独特的文化环境中充分发挥着作用（Velez-Ibanez，1988；Wolf，1966）。

当课程中存在多重视角和价值取向时，这种方式特别重要。优势本位的观点不会假设贫穷或者文化、社会经济地位等因素会限制儿童，它在理念上认为并不存在某种"最好的"做事方式，家庭在养育子女方面有着充分的能力。

优势本位的思维带来了优势本位的语言和沟通。话语是有力量的，它传递着有关儿童和家长的确凿无疑的信息。正向的沟通聚焦于儿童正在学习什么，突出他们在成长过程中的进步。正向沟通推动着个体对他人的经验和视角的真正关心与尊重。优势本位沟通的细节将在第六章中加以讨论。

备课资源：探索你的社区背景

花些时间了解你的社区、班上的儿童及其家庭。你了解得越多，你的沟通和教学就会越有效。对他人的了解不会突然发生，而是要经历一个过程，对他人的理解来源于许多对话、对社区的探索以及反思不同群体对人们的生活所做的贡献。当思考你的社区时，你不妨思考下述问题：

- 这个区域的历史如何？
- 家长和儿童可以获得什么有用的资源？

- 儿童的家庭拥有什么独特的优势和文化上的有利条件?
- 关于众多使用多种语言的家长和儿童,你了解些什么?
- 社区中有哪些具有代表性的文化和语言?
- 你能以什么样的新方式,在家庭的价值观、优势和经验的基础上开展教学?

理解游戏在儿童发展中的角色

在供儿童练习精细动作的桌子旁,拉瓦和伊齐把钉子插进小钉板。拉瓦说:"我在做蛋糕。"伊齐帮忙拔出一根卡住的钉子。她说:"把红色的放这里,因为你5岁了,你需要5根蜡烛。白色的放那里。"伊齐用白色的钉子围成一个方形。拉瓦在中间放上蓝色的钉子。

拉瓦和伊齐练习的不只是精细动作技能。她们运用了坚持性、解决问题、有目的地计划等有助于其在学校获得成功的关键能力。当女孩们一起在活动中改变她们的计划以适应彼此的想法时,一个看似简单的活动促进了她们的倾听和合作。她们轮流讲述故事。她们分类、形成模式、排列和设计。游戏既给儿童带来了乐趣,也提供了益处。

在游戏过程中,儿童用一些材料做实验,以发现它们的工作原理。积木引发了工程类的实验。自然搜集活动把孩子们带入比较研究。假装游戏加强了儿童之间的交流。当球滚下斜坡的时候,坡道游戏教给孩子们重力的规律。当孩子们对物体进行托举、分类和堆叠时,他们学习到密度和重量。游戏为儿童的发现和学习提供了复杂而有趣的方式。

游戏对儿童的许多发展和学习领域都有积极的影响。

- 游戏促进儿童在所有领域(包括社会情感技能、自我调节、执行功能和亲社会行为)的发展(Yogman et al.,2018)。
- 游戏有助于培养儿童的好奇心、自我发现能力和创造力(Berke,2016)。
- 户外游戏给儿童提供了在真实的世界中学习、进行社会互动和合作、适当地冒险及学习 STEM[1] 技能的丰富机会。
- 拓展的游戏经验对于儿童调节压力至关重要,而且有助于儿童自我调节能力的发展(Foley,2017)。
- 在重现日常生活场景时,戏剧游戏帮助儿童探索和理解问题、情境与主题。游戏帮助儿童发展象征性思维,探索概念和新想法(Brown,2017)。
- 戏剧游戏把学习和儿童的已有知识、文化背景联系起来(Karabon,2017)。
- 游戏有助于促进儿童语言、认知和社会技能的发展,而这些技能对于学业成功非常重要(Spiewak Toub et al.,2018)。
- 运动游戏、建构游戏和机能性游戏(functional play)有助于增强儿童一系列有关身体、粗大和精细动作以及生活方面的实用技能(Lillard et al.,2013)。

在游戏过程中,儿童与成人互动以创造意义(Cutter-Mackenzie & Edwards,2013)。他们通过操作、尝试、调整和讨论他们努力的结果获取意义(Hamlin & Wisneski,2012)。孩子们运用科学探究的过程试验想法,检验假设。游戏让孩子们参与到有意义的学习当中,它是一种非常重要的教学手段(Barblett,Knaus,& Barratt-Pugh,2016)。

支持家长鼓励儿童开展游戏化学习

教师有许多方法帮助家长丰富家庭游戏活动,这些游戏活动在夏季、在相对较长的隔离期、在周末都会深受儿童喜爱。游戏活动可以和活动计划相关,或者只是简单地帮助家长理解儿童通过游戏获得了思维技能、学科知识和发展优势。家长会很高兴收到通过文本、电

---

[1] "STEM"是科学(Science)、技术(Technology)、工程(Engineering)、数学(Mathematics)四门学科英文首字母的缩写。——译者注

子邮件或者课程的数字应用程序发来的提示。下面是关于家长如何让儿童更有意义地参与基于游戏的学习的一些小建议。

- 问一些和儿童的游戏计划、游戏需要（例如，扮演消防员，建一个商店，开一家餐馆）相关的问题——"你首先要做什么？你要怎么做？你需要什么材料和玩具来实现你的想法？"
- 用知识类图画书来回答儿童的问题（例如，为在家帮忙喂养宠物的儿童提供一本有关饲养狗和照顾动物的方法的书）。
- 在玩水游戏和洗澡时间增加有趣的测量工具、管子和漏斗，并问诸如"如果……会发生什么"以及"哪个容器里水更多"之类的问题。
- 让儿童参加烹饪、烘焙活动，支持其测量、倾倒、比较、计划和交流技能的发展。
- 通过在院子里谈论动物、喂鸟、提供知识类图画书激发自然游戏。为儿童提供容器来搜集材料（如树皮、叶子、松果、豆荚），然后分类、研究、绘画。
- 通过为儿童提供用于拼贴的彩色杂志图画（如健康的食物、颜色、体育项目）、用盐和面粉自制的橡皮泥、用于画水彩画的桌面空间以及用于绘画或装饰的空盒子等促进艺术游戏。
- 用简单的卡牌和棋类游戏，教重要的数学、推理和社会技能。
- 善用教育技术，提供适合儿童的在线书籍阅读、绘画展示和科学演示活动，帮助儿童搜集资料，供他们开展观察到的游戏活动。

教学时"心中有儿童"

纳萨莉和阿特拉斯在用盒子摆火车时，对于哪个盒子应该放在前面意见不一。马赛厄斯打断他们说："用那个大的当车头，长的那个可以做车尾。"格韦利亚老师回应道："这是个不错的主意。你认为呢，阿特拉斯？"阿特拉斯点了点头。

格韦利亚老师问道："在我切割车门的时候请你们抓稳盒子，好吗？"于是在她用剪刀剪门的时候，阿特拉斯和马赛厄斯抓紧了盒子。格韦利亚老师又问："这是一辆货运列车，还是客运列车呢？你们需要用马克笔在客车上画窗户吗？"她拿了一盒马克笔，孩子们挑选颜色开始工作。"我在做梯子。"阿特拉斯宣布。"好的，"娜塔莉说，"我在做控制面板。""我在画我的橙色。"马赛厄斯说。"你们在用小组合作的方式达成目标，"格韦利亚老师加了一句，"你们正在做一列长长的客运列车。"

格韦利亚老师想让孩子们理解并使用"货运""客运"等词汇，以拓展他们对火车的理解。她知道排列、装饰这些盒子对他们的精细动作技能而言是个挑战。她对马赛厄斯的想法予以鼓励，并待在旁边支持孩子们一点点进步。

个别化教学致力于满足特定儿童的需要。个别化意味着调整你的选择、支持以及互动，以确保特定儿童取得成功，并对学习感到自豪。它涉及对活动、时间、材料、目标和支持水平做出切合实际的调整。你要确保儿童有机会使用材料并能充分参与。个别化意味着熟悉儿童，并且支持他们获得成功。

个别化支持对所有学前儿童来说都非常重要。它既包括追踪儿童能独立运用的技能，也包括识别出仍在发展且需要支持的技能。个别化教育的目标可以聚焦于身体、认知、语言、社会及动作技能等任何发展领域。当一个孩子被列入个别化教育计划（individualized education program，IEP）时，你将会触及其特殊的发展领域。我们看看下面的场景。

乔舒亚老师安静地坐在亚当旁边，两手间抻着一段鲜红色的纱线。亚当用剪刀剪断了纱线。乔舒亚老师将了将纱线又抻出一段，这样亚当就可以再剪。亚当喜欢这个游戏，没意识到这个游戏其实是针对精细动作技能练习而设计的。他们一起玩了几分钟，亚当随后转向了一个拼贴活动。这短短的一段个别化教学被写进了活动计划，但对亚当来说，这看起来就是游戏中既自然又好玩的一部分。

下面是个别化教育的一些例子，孩子们不管有没有参与个别化教育计划，都能从中受益。

- 在戏剧游戏过程中示范"采购"蔬菜的时候如何计数，一步步帮助儿童，直到他能够独立完成。
- 花时间为儿童提供支架，为其正在形成的特定技能提供支持。
- 设计一个笔记本记录儿童最感兴趣的事（如养狗），从而帮助儿童认识字母及字母发音。
- 用胶带把纸粘到工作台上，这样在儿童画画的时候纸就不会滑落。
- 在拼图、玩具和其他物体上增加手柄或把手，以便于操作。
- 提供各种形状和尺寸的材料，将其作为艺术、写作和科学工具。
- 印制的本子既要有大开本的，也要有小开本的。
- 在桌子旁边留出额外的空间，或者增加垫子用于区分不同的空间。
- 邀请儿童用多种方式回答问题，例如，竖起大拇指，写在膝板（lap board）上，或者和同伴合作做出决定。
- 提供额外的或灵活的时间继续开展或结束项目。
- 允许儿童选择以何种方式展示学习成果，例如，做海报，表演一个短剧，讲一个故事或者解释技能。
- 调整学习目标以降低或提高项目的复杂性、挑战性。
- 确保密切监督儿童在活动期间的问题解决和协作情况。

即便在规划好具体的支持活动后，也要继续注意儿童的反应，注意是否有影响儿童参与的障碍，是否需要调整以推动游戏活动。儿童应该能独立地拿到并使用材料。挪动一个架子或改变一张桌子的位置就能让儿童更容易地接触材料。要确保儿童有足够的空间工作，并且能找到他们需要的材料。例如，服装和道具可以放在一个篮子里。材料不要零散放置，而是要组织起来，支持具体的主题或假装游戏活动。把火车司机戴的帽子、一篮子车票、收据本、钱和地图放在一起，帮助孩子们再现乘火车旅行的故事。对于机场的游戏，除了小包和帽子外，可以加上手提箱、护照和"零食"。在游戏期间看看哪些材料发挥了作用并且延长了幼儿注意和参与的时间，这将有助于我们对空间和材料做出评价。

有用的提示：跟随儿童的指引

尽管你的头脑里有具体的教学目标，但活动计划可以帮助你根据儿童的指引做出灵活调整。要确保你的活动计划中包含手写笔记、思考和持续更新的信息。可以考虑如下问题。

- 还有什么其他的办法能够改进和特定儿童的兴趣或想法相关的活动？
- 儿童的家长是否提到过与你所介绍的新信息相关的家庭事件？
- 有没有儿童问过一些问题，而你可以通过提供包含相关信息的图书、视频、材料或活动予以回应？
- 儿童问过的哪些问题需要你搜寻更多信息或查找更多资料？

当你观察游戏的时候，把你看到的东西记下来，以丰富你的活动计划，例中，要添加的道具的列表，孩子们问的问题以及你想查找的其他资源。因为许多活动会持续多日，在计划中加上这些信息为你创造了一个"活的"文档模板来不断改进和调整你的教学。

链接研究：全纳策略

全纳的学前教育课程把残疾儿童和正常发展的同龄儿童安置在同一间教室中开展教学（ED[1] & HHS[2]，2015）。全纳教育有诸多益处，包括能够推动非歧视性的教育实践和态度，以及促成更高的学业成绩（McKee & Friedlander，2017）。通过全纳教育，儿童可以发展出更强的同理心，更能接纳彼此（Lohmann，2017）。全纳教育在童年早期特别重要，因为所有儿童都表现出一系列的发展技能和需求。为每个儿童提供个别化的计划和实践支持非常重要。

通用学习设计是确保所有儿童都能融入其中，充分接触材料和空间并参与室

---

[1] 英文全称为"US Department of Education"。——译者注
[2] 英文全称为"US Department of Health and Human Services"。——译者注

内和户外活动的教育框架（CAST，2019）。通用学习设计重新审视为什么学、学什么、如何学的问题，以确保消除障碍，让所有儿童都能体验成功。通用学习设计的三大原理如下。

- 表征：教师通过多种方式分享信息以促进儿童理解它们。
- 表达：教师向儿童展示和材料互动的多种方式，并鼓励儿童以多种方式展现他们的学习。
- 参与：教师用实用且有意义的方式让儿童加入活动或互动，并且激发他们的动机。

通用学习设计对于表现出广泛需要、能力、发展模式和语言、文化背景的幼儿来说特别重要（Dinnebeil，Boat，& Bae，2013）。它既包括对物理空间的调整，也包括对材料的调整。重要的是，它要求教育者在实践中日复一日地回应儿童，看能够增加什么、修改什么或调整什么，以支持他们的发展和学习。

差异教学是这样一种教学方法：它通过提供适合个别儿童学习需要的起点、学习任务和结果，让所有儿童都达到学习目标（Watts-Taffe et al.，2012）。差异教学策略包括提供多种呈现内容的方式、灵活分组、调整进度、提供选择（Gadzikowski，2016）。例如，在专心致志的一对一互动中，你可以引入一个计数游戏。你可以给几个孩子读书，以增加他们对书本的兴趣。你可以带着一个小组绘图，或者推动一个大组开展科学活动。差异教学能确保你的教学与活动目标、儿童的需求相匹配。

差异教学的例子包括：

- 用多样的方法引入理念或概念，例如，在小组教学过程中演示形状分类，在精细动作游戏中增加可分类的材料，在点心时间讨论形状；
- 添加材料，以便儿童通过戏剧游戏表征其家庭日常生活；
- 让儿童用母语和英语给物体贴标签；
- 选择反映家庭及其活动多样性的图书；
- 提供带有一定的挑战性和复杂性、需要一定技能的游戏材料，如有着较少片数和更复杂模式的拼图；
- 提供针对儿童的具体兴趣、可为他们的问题提供答案的信息资料和活动；

- 儿童在游戏活动期间参与进来，以拓展他们有关概念和词语的思考；
- 使用个别的、小组的和大组的活动，使儿童的参与及兴趣最大化。

探索以儿童为中心的教学特点

杰克和米兰达把装酸奶的盒子与管子堆起来做机器人。他们用小块胶带把它们粘在一起。乔治老师注意到米兰达搭建的机器人一直是倾斜的。看到她在想办法，乔治老师提出在她粘胶带的时候，他可以帮忙扶稳底下的盒子。在米兰达贴上几块胶带后，那些盒子终于立稳了。

"给我讲讲你的机器人。"乔治老师鼓励米兰达。"我的机器人是一个警察机器人，"米兰达说，"它能拦截超速行驶的汽车。"乔治老师又问："你的机器人怎么行动呢？"米兰达回答："它有轮子从脚里伸出来。""我做了一个变形机器人。"杰克说道。"你的机器人怎么行动呢？"乔治老师问。杰克微笑着说："我的机器人会变成一辆赛车并且开得非常快。"

在这个案例里，乔治老师通过提问来探索儿童关于建构物的移动方式的想法。他已经准备好了一些材料和问题。他仔细观察，看孩子们如何试验和学习。他平缓地介入，帮助他们解决问题。

当孩子们专心致志地玩游戏的时候，你可以站在一旁观察、记录他们正在做什么。他们需要空间和时间去解决问题。在其他时间，你可以规划一个活动，比如木偶表演、阅读活动或科学实验。你用的方法必须与活动目标以及儿童的需要相匹配。有些情况需要儿童更加自主，另外一些情况下则需要教师给予更多的支持。

在以儿童为中心的教学中，教师和儿童在探索、解决问题、创造的过程中都是充分参与的伙伴（Nilsson，Ferholt，& Lecusay，2018）。儿童在对话交流中和教师互动，分享他们在探索、工作时的想法（Siraj-Blatchford，2009）。在和成人、同伴一起聚焦于游戏活动与目标时，他们与成人、同伴一起进行持续性共享思维（Degotardi，2017）。这种以关系为基础的、主动的社会交往方式增强并拓展了孩子们的理解。

以儿童为中心的教学是积极主动的（Hedges & Cooper，2018）。准备好的游戏区通常服务于某一学习目标。例如，带有诸多自然物（如贝壳、羽毛、卵石和松果）和小工具的沙盘便是在邀请儿童比较质地、图案，加强精细动作技能以及表现创造性。你可以给儿童演示多种多样的材料的用法。准备词卡向儿童展示词，这些词语既包括描述性词语，如"笔直的""平滑的""螺旋的""一样的""不同的""锯齿形的"，也包括表示位置的词语，如"上""下""中""之间"。可以增加一些问题和提示，例如，"哪些物体组成了波浪形（笔直）的图案？""给我讲讲你最喜欢的图案。""你设计的是什么形状？"有目的的、以儿童为中心的互动能促进思考、问题解决、语言技能和同伴对话（Whorrall & Cabell，2016）。有目的的支架会成为加强学习的有力工具（Edwards，2017）。

以儿童为中心的教学为多语学习者（multilingual learners）提供了丰富的学习情境。相关的策略包括：使用儿童的母语作为学习资源，和儿童一起参与游戏来示范并支持新词汇的学习，说明单词的意思，澄清儿童所说的话，扩展儿童的评论（Chapman de Sousa，2019）。

学习两门或更多语言有许多好处，包括执行功能、认知发展，社会与情感能力增强，学习速度更快，在长期的学校教育和职业生涯中取得成功（Julius，2018）。以儿童为中心的教学是回应性和个性化的，它重视所有儿童的贡献和视角。

以儿童为中心的教学需要家长参与，且有赖于真正的、有意义的家长参与。家长在关乎儿童发展和学习的目标设定、决策制定方面被视为至关重要的伙伴。有效的以儿童为中心的教学需要教师理解和重视儿童及其家庭的种族、语言和文化背景（BUILD Initiative，2019）。家园沟通提供了重要的信息、反馈和支持，帮助教师规划课程、活动，并为儿童的成功提供个别化的支架。

以儿童为中心的教学致力于发展儿童的能力。它要考虑到影响儿童的学习和行为的所有方面，包括空间、材料、活动和支持，以确保儿童取得成功。儿童必须有容易获取的材料和机会来做出选择、采取行动。儿童需要了解和做的事情很多。反过来，你需要知道的是：

- 儿童成功参与学习和游戏活动所需的实用技能；
- 儿童照顾自己，开展室内、户外常规活动及在不同的活动间转换所需的身体技能和调节技能；
- 儿童随时间的推移出现的技能，以便你可以追踪儿童新出现的技能，并设计支持性的活动；
- 儿童在该年度将要学习的学科领域的技能，以便规划活动，为儿童的学习提供支架。

通过这种方式，以儿童为中心的教学建立在儿童的发展基础上，让儿童充分参与每日活动。它把儿童发展的所有方面都纳入考虑，为其成长提供一个积极的、鼓励性的环境。以儿童为中心的教学确保儿童拥有一个安全、愉快的环境进行学习。

活动计划案例
——设计以儿童为中心的一日活动日程表

一份区块时间表（block schedule）可以让你跟进活动并确保将大部分时间用于促进儿童学习，在活动转换过程中浪费较少的时间。这种方法提供了宽泛的时间框架，在此期间，儿童有一系列的选择，可以不被打断地玩游戏。你不需要安排主题活动的具体时间，而是可以把学习内容渗透在一日活动和事件中。你可以规划一系列的经验，包括一对一的、小组的和大组的活动。就阅读和教学活动而言，在何处以及如何引入技能并将其延伸到游戏中，你会有多种多样的选择。

区块时间表提供了一致的架构，但又可以使教师发挥一定的灵活性。你可以计划儿童发现学习活动（child-discovery activities），儿童主导的游戏（child-directed play），生成性的学习项目（emergent learning projects），教师引导的导入活动（teacher-guided introductions）和教师主导的课堂（teacher-directed lessons）来支持你的目标达成。例如，在晨间入园期间，在家长把儿童带到教室里时，教师可以准备儿童发现学习活动，支持儿童向教室环境过渡。在延长的自选时间里，儿童可以在玩游戏的时候参与自主学习（child-guided learning）。一份设计良好的日程表能够帮助你规划与学习目标相匹配的活动类型和支持水平，并考虑你所教的特定儿童的学习需要。

表 1.1 中的区块时间表代表灵活的时间安排方式。各时间区块是建议性的，而非规定性的。需要注意的是，盥洗和自理常规未包括在内，这样做的目的是将过渡时间最少化。儿童在需要的时候，可以在敏锐的、回应性的教师的支持下进行自理。对时间的标示是出于活动计划的目的，意在使一日活动中的学习机会最大化。

日程表案例

办学许可规定要求学前儿童（3—5 岁儿童）每 6—10 人配有一名受过训练的教师，并且每间教室不能超过 20 名儿童。任何时候必须有至少两名教师在场（*Administration for Children and Families*，Office of Child Care，n.d.）。日程表是在班级中至少有两名教师可以接待家长，监控活动，促进儿童游戏和学习的基础上制定的。日程表中描述的职责应该加以分解，以确保有效覆盖所有任务和教学的需要。

集体活动时间在案例 1 中是 30 分钟，在案例 2 中是 20 分钟。这应是一个灵活的时间段，教师要根据儿童的发展需要以及所教的特定儿童的能力予以调整。在此期间，儿童不应该安静地坐 20 分钟或 30 分钟。只要孩子们积极参与，教师就可以开展音乐和运动游戏、读书活动、互动对话、社会情感学习、数学和科学演示、课堂参访以及其他回应性的活动。

表 1.1　支持各种以儿童为中心的教学活动的半日制、全日制幼儿园日程表

案例1：半日制幼儿园	
上午 7:30—8:30	**入园和发现学习活动** 包括和家长见面、洗手、一对一阅读、小组游戏、艺术活动和游戏活动。在有些计划中，这段时间还包括早餐。
上午 8:30—9:00	**晨间集体活动** 包括目标技能，例如，认识日历，天气图标，数字和教学活动读写工作坊，科学活动，社会情感学习，音位意识、拼读学习和字母游戏；也可以包括体现多元文化意识的节奏、音乐及运动活动；还可以包括作为过渡的一些晨间工作。时间和活动都要灵活调整，以适合儿童参与和发展的需要。
上午 9:00—9:45	**大肌肉运动游戏（如果天气允许，可以在户外进行）** 包括使用独立设备以及便携式设备发展动作技能。 在天气不允许开展户外游戏时，要有可替代的室内空间。
上午 9:45—10:00	**大组和小组的核心活动** 包括集体阅读、书写或强化核心学科技能。 整合源自书本的主题和对作者的研究，社会情感学习以及以互动形式进行的内容学习。
上午 10:00—11:30	**自选游戏** 所有区域都是开放的，儿童可以进入准备好的游戏区，开展阅读、书写、戏剧游戏、艺术、音乐和运动、积木、精细动作/手工活动、数学、科学和自然（包括沙、水）以及其他感知觉活动或开放式项目活动。吃点心的环节也可以放在自由选择的时间，由教师监督进行。
上午 11:30—12:00	**分组灵活的微技能发展活动** 包括故事讲述、艺术和音乐探究、科学和STEM活动、数学游戏和读书。可以选择一对一讨论、小组及大组的形式进行。
12:00—12:10	**包含精彩瞬间和歌曲的结束仪式**
12:15	**离园，家园交流**

案例 2：全日制幼儿园	
上午 8:10—8:30	**早餐** 儿童可以在教室里吃早餐，也可以在某个公共区域吃。儿童如果在教室里吃早餐，那么在吃完早饭后，可以选读书籍，或者玩一项安静的游戏活动，作为向晨间集体活动的过渡。
上午 8:30—8:50	**晨间集体活动** 包括目标技能，例如，认识日历，天气图标，数字和数学活动，读写工作坊，科学活动，社会情感学习，音位意识、拼读学习和字母游戏；也可以包括体现多元文化意识的节奏、音乐及运动活动；还可以包括作为过渡的一些晨间工作。时间和活动都要灵活调整，以适应儿童参与和发展的需要。
上午 8:50—9:50	**自选游戏** 所有区域都是开放的，儿童可以进入准备好的游戏区，开展阅读、书写、戏剧游戏、艺术、音乐和运动、积木、精细动作/手工活动、数学、科学和自然（包括沙、水）以及其他感知觉活动或开放式项目活动。吃点心的环节也可以放在自由选择的时间，由教师监督进行。
上午 9:55—10:40	**大肌肉运动游戏（如果天气允许，可以在户外进行）** 包括使用独立设备以及便携式设备发展动作技能。 在天气不允许开展户外游戏时，要有可替代的室内空间。
上午 10:40—11:00	**用于自理和学习的机动时间** 包括大组阅读、音位意识游戏或数学活动。
上午 11:00—11:40	**午餐**
上午 11:40—下午 1:00	**午睡**
下午 1:00—1:20	**小组的、个别的和安静的游戏活动** 包括一对一的图书阅读、访客阅读（志愿者、祖父母为孩子们读书）、拼图、艺术方面的操作游戏、阅读、专门的艺术项目活动或桌面感知觉活动。在这段时间，孩子们可以回到或拓展他们在这一天或本周早些时候进行的活动。
下午 1:20—2:25	**自选游戏、项目学习或书写、创意活动** 包括灵活分组活动、生成性学习项目和区域活动。

续表

下午 2:35—2:45	**结束仪式** 包括儿童的主动反思、唱主题歌、唱儿歌、朗诵诗歌或者其他一以贯之的仪式。
下午 2:45—3:00	**离园，家园交流**

所有活动都应该加以调整和扩充，以满足每个儿童的需要。可替换的活动和有意义的支持（诸如适合个人的图书、动手做的材料以及不同的进度）都要提供，以确保所有孩子都可以选择，并能够成功参与。

在脑子里记住这些目标，同时你需要深入了解你班上的孩子，目的是让具有互动性的玩具和材料具有适度的挑战性。每一天你都要计划各种各样的活动来回应儿童的需要。当孩子们随时间的流逝而发展、成熟时，你会想要改变环境以及课堂上的支持措施。

由精心计划的活动构成的日程表能使儿童获得一种稳定的体验，让他们承受的压力最小化，确保他们得到最佳的学习机会。不管是教师向儿童亲授课程，还是提供了用于远程学习的替代性学习活动，所有儿童都将从可预期的但又灵活的安排中受益、提升素养并感到安全。

链接全美幼教协会《早期学习项目认证标准和评价细则》

标准2——课程为教育者规划每天的日程安排提供了实际帮助。"每天的日程表必须包括室内和户外活动，充足的时间和对过渡环节的支持，以及用于休息、主动游戏和学习的时间段"（NAEYC，2018，p.21）。对学前儿童而言，"日程安排应提供用于创意表达，大、小组活动和儿童发起的活动的时间。有些学习机会、经验或项目应当延续数天"（p.21）。课程应包括调整和修改的内容，以确保所有儿童都有机会获得个性化的学习经验（NAEYC，2018）。

标准3——教学部分：教师应该"运用他们有关儿童个体的知识调整教学策略和材料，以提升儿童的学习效果"（p.45）。

反思性问题

1. 当你回顾本章中的案例时,你认为教师事先需要做些什么来促使活动取得成功?
2. 读过有关发展适宜性实践和回应个别儿童的内容后,你想对你的活动计划做何调整以加强你和儿童的互动?
3. 描述两种对你而言特别有效的计划方法。你认为,采用本章中的哪两种策略会对儿童产生积极的影响?

第二章 让活动计划真正发挥作用

吸引儿童主动学习

埃莉老师坐在书写区的孩子们旁边。她观察到,杰克和内森在明信片上印字母。"你们要把明信片寄到哪儿去?"杰克回答:"我叔叔在亚拉巴马州。因为他的院子里有一只短吻鳄,所以我做了一只短吻鳄。它有尖尖的牙齿。"内森回答:"我做了一只猫。我要把它送给我奶奶。"埃莉老师说:"你们给叔叔和奶奶画了动物。"她观察到杰克正在寻找字母印章,便问:"你需要哪个字母印章?"

埃莉老师已经给孩子们读了珍妮特·阿尔伯格和艾伦·阿尔伯格所著的《快乐的邮递员》(The Jolly Postman or Other People's Letters, Janet Ahlberg & Allan Ahlberg)。他们也喜欢看理查德·斯凯里所著的《猪猪邮差和他忙碌的邻居》(Postman Pig and His Busy Neighbors, Richard Scarry)里的图画。孩子们从书中得到灵感,要写明信片给他们的家人。埃莉老师通过观察和提问支持孩子们的学习。她鼓励男孩们在明信片的背面写信。真实的目的激发了孩子们书写的兴趣。

埃莉老师在:她的活动计划里列出了书写区的材料,还加上了她想问孩子们的问题,如:"你们要把明信片寄到哪儿去?""你要在信里写些什么?""你需要什么字母?"她的目标是帮助孩子们理解书写的目的,并体验到书写是生活中人们相互联系的一种方式。

当幼儿园过于遵循标准或更注重儿童的学科知识学习的时候,增加以儿童为中心的问题和选项可能会非常具有挑战性。儿童通过动手做和互动经验进行的学习效果最好。因此,在这类幼儿园中,可以用游戏拓展教师主导的活动以及学科知识方面的学习目标。上述明信片的活动建立在儿童的阅读经验基础上。活动计划可以帮助你规划如何对这些经验进行拓展。

精心制订的计划会在多个方面影响教学的有效性。它能帮你记录所需的材料，提醒你在每个游戏区所使用的词语，让你把注意力集中在你想教授的大概念上。活动计划能帮你选择图书、活动和戏剧游戏，它们为儿童练习技能提供了源源不断的机会。它会帮你提前规划日复一日需要做的事，在创设环境和提供材料方面更具前瞻性。活动计划能确保你为儿童的学习准备一个有效的环境。

平衡点：和儿童积极交流

除了仔细制订活动计划，营造一种积极的情感氛围对于儿童的社会性和情感发展与学习也是至关重要的（McNally & Slutsky，2018）。建立健康的师幼关系能确保儿童对学习拥有心理上的安全感。积极的师幼关系是儿童健康发展的基础（Hall-Kenyon & Rosborough，2017）。

和教师建立积极的关系已经被作为支持儿童社会性和情感发展的治疗手段（Lindo et al.，2014）。具体而言，"具有敏锐性、协调性、连贯性、可信性、启发性和鹰架作用的师幼关系，可以使儿童发展起安全型依恋，并以一种日渐复杂的方式成熟起来"（Osher et al.，2020，p.7）。和教师建立积极的、滋养性的关系能帮助儿童：

- 获得更强的注意力和冲动控制能力、执行功能、自我调节能力以及问题解决技能（Ertürk Kara，Gönen，& Pianta，2017）；
- 提高压力调节能力和学习参与水平，对学习形成积极的自我认识，习得更强的前学业技能以及在学习与行为表现方面整体上拥有更佳的结果（Jones，Bub，& Raver，2013）；
- 拥有更好的适应性和课堂行为表现（Lippard et al.，2018）；
- 提高克服风险因素、管理逆境和应对创伤的能力（Osher et al.，2020）；
- 提高管理压力、发展韧性和自我调节的能力，增强自我效能感（Sciaraffa，Zeanah，& Zeanah，2018）；
- 提高当下和未来的学习成就（McNally & Slutsky，2018）。

如果想加强你和孩子们的联系，那么你可以考虑如下策略。

◆ 和儿童进行个别化的交流。

了解儿童，询问他们的想法、感受和看法。

◆ 每天与每个儿童进行一对一谈话。

保证儿童理解你的期望，看看他们是否需要支持，留心他们正在生成的技能。用这些信息来计划活动。

◆ 仔细倾听。

在倾听的时候给予儿童眼神交流和同理心。理解儿童的经验和需要是提供个别化支持和鼓励的第一步。

◆ 和家长分享积极的经验。

在家长接送儿童期间，和家长分享每个儿童的优势及其做出的贡献。你平时给予的肯定会帮助儿童感到被欣赏和重视。

◆ 庆祝儿童取得的成就。

当给予儿童鼓励和积极的支持时，他们就会茁壮成长。注意儿童什么时候表现出对工作的自豪感，对某段游戏经历感到满意，或者对学习新的信息感到高兴。这些都是可以为你所用的儿童优势。

规划各种各样的教学情境

在集体活动时间，玛莉娅老师让孩子们头脑风暴，说说他们是如何照顾宠物的。孩子们有许多想法要分享，比如，"我喂我的金鱼""我给我的狗梳毛""我喂我的长尾小鹦鹉吃种子和喝水""在我的猫生小猫的时候，妈妈会带它去兽医诊所"。玛莉娅老师在黑板上画了一个大圆圈，然后在圆圈里画了鸟、猫、狗和鱼的草图。她从外面画了一条线指向小狗，在线的一端画了狗链、一只碗、水和食物。

"对于圆圈里的动物，你都注意到了什么？它们能像你们一样自己吃东西吗？它们能自己开门走出去吗？"孩子们咯咯地笑。"真好笑，"亚当姆说，"它们需要我们来喂养。"

"没错，"玛莉娅老师说，"它们还需要你们做其他什么事吗？""我会让我的狗狗到外面去。"亚当姆说。玛莉娅老师进一步拓展他的思路："你对你的狗负有责任。你认为负责任是什么意思？"乔治亚说："它们自己不能做的事，我们必须为它们做。"亚当姆加了一句："它们会饿。"

玛莉娅老师想让孩子们理解"负责任"这一概念。她从让孩子们通过头脑风暴说出宠物的需要开始。当孩子们说出他们的想法时，她把他们所说的内容写在画的下面，比如，"宠物依赖我们"和"我们必须帮忙"。

接下来，她问孩子们应如何对他们的宠物负责任。她在戏剧游戏过程中（孩子们假装照顾宠物的时候），重新引入了"负责任"的概念。当孩子们给植物浇水时，她谈及人类要对环境负责任。在游戏结束后孩子们整理和收纳玩具时，她再次强调了"负责任"的概念。她知道当儿童以多种方式反复接触这个概念时，他们就会记住它。

午餐期间，玛莉娅老师又一次谈到"负责任"的概念。她问："你是如何帮助你的家人的？"当孩子们回答时，她会说："哦，你是一个负责任的人。"她还在精细动作游戏的过程中通过反馈来推动儿童对这一概念的学习，比如，对儿童说："谢谢你承担责任，把地板上的拼图片捡起来。"在向户外游戏过渡时，玛莉娅老师问："我们出去的时候需要承担什么责任？"孩子们回答，他们需要互相帮助，安全使用设备。

当孩子们从户外游戏中返回时，玛莉娅老师给他们读了马丁·詹金斯所著的《帝企鹅的蛋》（*The Emperor's Egg*，Martin Jenkins）。孩子们都惊讶于帝企鹅在严寒中孵蛋时表现出的责任感。玛莉娅老师把这本书放在了科学区，和一个冷水实验的材料放在一起。孩子们把他们的手放到装有起酥油的塑料袋里，然后放到冷水里。这个活动帮助儿童理解帝企鹅是如何在寒冷的天气里保持温暖的。

学习是多层面的、复杂的和持续的。当儿童深深沉浸于建构一个复杂的建筑时就会学习：他们探索像大小、空间关系这样的数学概念；使用诸如"上和下""长方形"这样表示位置与形状的词语；练习像协商、寻求帮助这样的社会技能；在实现建构的想法时融入表征技能。他们在玩戏剧游戏时学习新的概念和技能，同时享受社会性游戏的乐趣。这些活动需要儿童通过自我调节来规划并轮流进行；需要他们具备遵照程序、管理步骤和材料等组织技能，计数、排序等数学技能，以及平衡、控制和协调身体等运动技能。事先制订计划可以帮你在一天的活动、进餐、常规和过渡环节中支持儿童发展这些技能。

教学小贴士：创设丰富的学习情境

对幼儿来说，理解和参与活动取决于情境线索。他们通过把自己听到的和看到的，以及周围正在发生的事情联系起来进行学习。他们靠你说话的声调、身体语言来理解新词的意思。当你要求他们做某事时，他们会注意在你提出要求前后发生了什么。通过观察你的行动，他们对你的要求（是紧迫的、重要的，还是随意的）做出判断。丰富的学习情境能帮助他们创造意义并加深理解。

下述策略可以帮你创设有意义的学习情境。

◆ **让儿童为接下来要做的事做好准备**。

当常规一以贯之的时候，儿童能进行最有效的学习。因为这可以帮助他们集中精力学习和游戏而无须焦虑。当新信息出现的时候，儿童需要低压力的机会来解决问题。

◆ **以多种方式介绍信息**。

真实的物品、插图、照片、声音、视频、戏剧游戏或木偶，能够帮助儿童用不同的方式理解观点（Lessow-Hurley，2003）。讲故事、唱歌和读书能强化概念，帮助儿童理解新词汇（Espinosa，2018）。

◆ **在多样的情境中引入词汇**。

在游戏、午餐和阅读时强化一个新词，能帮助儿童记住并尝试在自己的绘画中运用这个词。

◆ **把新词汇纳入母语中**。

对于学习多种语言的儿童来说，可以在英语和母语中同时引入新词汇。这有助于在不同语言之间建立连接。例如，教师可以问儿童："你用西班牙语怎么说'早餐'？你早餐吃了什么？"这些连接能丰富所有儿童而不只是那些学习英语的儿童的学习经验。

◆ **和儿童已有的知识经验联系起来**。

当你注意到儿童不理解你呈现的某个概念时，你可能需要增加或改变一些信息。例如，一名儿童可能在任务中途停了下来，不确定接下来要做什么。她可能用某种有趣的见解来回答问题，表明她有相似的想法，但并没有抓住话的真正意思。有的孩子可能不断重复某个错误，而不去尝试新的策略或方法。如果你能把新的概念、技能和儿童在教室里、生活中熟悉的经验联系起来，那么教学效果会更好。当你的教学触及儿童的知识资本（funds of knowledge）——儿童家庭所拥有的优势、价值观和经验——他们会很高兴地去学习（Sawyer et al., 2016）。他们会学得更快，并且想："喔！这就像那个一样！我又干同样的事了！"

◆ **使新的信息具体化**。

引入新信息的时候使用清楚、简短的句子。运用重复、释义的方法（Echevarría, Vogt, & Short, 2017）。演示加讲述，说明一个词或概念是什么意思。

◆ **用反馈和积极的支持跟进**。

和儿童谈谈他们正在做的事，检查理解情况，确保儿童真正理解（Cheatham, Jimenez-Silva, & Park, 2015）。仔细观察以确保儿童能独立运用材料和工具进行活动。

◆ **以最有助于儿童取得成功的方式进行分组**。

鼓励儿童合作开展活动，帮助他们尝试新想法而不害怕失败。当孩子们开始一个新项目时，你可能想让他们全体参与。你也可能想向单个儿童或一小组儿童介绍新的概念或技能。你在分组上的选择需要保证在语言、学习和社会需要方面为儿童提供支持。

在决定了呈现新信息的最佳方式后，你需要考虑如下五个重要的问题。

（1）教学目标是什么？换句话说，你想让儿童发现、学习、练习或理解的新技能或信息是什么？

（2）什么样的教学和活动方法能为儿童达成那些目标提供较丰富且有意义的途径？

（3）什么样的教学策略让儿童在活动期间参与的积极性较高？

（4）儿童将会如何展示其已经掌握了的技能、词汇、品质或能力？

（5）哪种记录能捕捉到儿童的学习情况？

所有面向儿童的教学都需要对策略、活动的选择及分组进行事先计划，使之适应学习目标。当你反思你的教学方法时，这些问题能帮助你，为你教的儿童提供丰富的情境。

个别化教学：计划个别交流

事先准备一些问题能帮助你一整天都和儿童进行有意义的接触。与儿童进行个别对话能促进儿童学习，提高儿童的词汇量，鼓励儿童提出新想法和进行新思考。看看当你问下面这些问题时会发生什么。

- 你学到了什么？在进餐和平时对儿童进行保育的过程中，让儿童告诉你——他们和家人去了什么地方，他们喜欢什么，看到了什么。除了问"你做了什么"，还可以问"你学到了什么"，孩子们会很愿意分享他们的发现。

- 你想到了什么或你是怎么想的？在到户外游戏的过渡环节和进餐环节中问这些问题。你会发现孩子们知道些什么，经历了什么以及感觉如何。"你认为我们的厨师是怎么做这些小松饼的？""你认为我们的汤里有什么原料？""你认为牛奶是如何从奶牛身上来到你的杯子里的？""你认为在第一次下雪的时候自己会有怎样的感受？"

- 猜我看到了什么？在日常生活中用"猜我看到了什么"来提示儿童。告诉孩子们你看到了六辆校车排成一排的场景。你看到了一辆消防车，也听到了这辆消防车的警报声。你看到了一栋很高的建筑，你只有抬起头并伸直脖子，才能看到它的顶部。你看到了一群大雁在空中盘旋。你看到了一只松鼠在追一只花栗鼠。当你分享"我看到了……"的经验时，孩子们也会如此。

- 你知道……吗？当你知道孩子们喜欢某个特定的主题时，在就餐、穿衣服、准备午睡、洗手的时候花点时间和他们分享有关这个主题的新信息。"你知道……吗？"这类提示使得互动快乐又有趣。"你知道狗每天睡觉的时间比你还长吗？""你知道猫在黑暗中也能看得清楚吗？""你知道你的手上有27块骨头,脚上有26块骨头吗?手上的骨头比脚上的多呢!"
- 事情进展如何?告诉我发生了什么。当家长说有宠物被带去看兽医的时候,千万记得之后要跟进,让儿童告诉你后来发生了什么。当你记得这件事的时候,儿童会感觉很不一样。

探索以儿童为中心的教学中的支持水平

两个搭积木的孩子,在他们的摩天大楼旁边建了一个停车场。对于哪一边连接街道的问题,他们进行了辩论。罗伯特坚持认为:"有好多车,所以门必须朝向那边。"桑切斯老师问:"可用于铺到街上的积木的数量充足吗?你们还需要多少块积木?"罗伯特看了看他的画,然后盯着积木看了看。他说:"可能还需要10块。"

桑切斯老师问:"为什么建筑师要设计高层建筑?为什么他们不设计矮而多的建筑物呢?"雯达回答说:"因为没有足够的空间。""是的,"桑切斯老师说,"建筑师设计直立的建筑是为了用空中的空间代替地面空间。"

孩子们阅读了各种各样有关建筑、摩天大楼、桥梁和著名建筑物的书。桑切斯老师带他们去附近的城市公园,比较周围建筑的异同。调查结果为他们在教室里进行建构活动时做出决策提供了参考信息。桑切斯老师还通过提问帮助孩子们思考他们的选择。

在一天的不同时段,以儿童为中心的教学结合了教师引导和儿童主导。教师评价学习目标,并在活动、材料、对特定儿童的支持方面做出最有效的选择。在有关建筑的课程活动中,儿童的成功参与可能看起来是毫不费力的,但活动和教学策略其实是有目的地选择的。

要使活动计划发挥作用,把教学界定为教师在回应儿童的需求时所提供支持的水平和类型会有所帮助。通过这种方式,可以把以儿童为中心的教学放在一个连续体上,而不是透过分离的或各自独立的视角予以审视。这种整合性的联系带来了有益的平衡，或者说在儿童主导的游戏化学习（child-directed playful learning）和教师主导的学习（teacher-directed learning）之间建立了桥梁（Hassinger-Das，Hirsh-Pasek，& Golinkoff，2017）。

以儿童为中心的教学需要教师灵活提供不同水平的支持——从教师主导到以儿童为中心，以回应儿童的个别需要。这种回应性的方法以满足学习目标要求的方式促进了儿童的发展和学习，同时又确保了对儿童需要的敏感性。你要调整你的支持水平，以推动儿童最大可能地参与其中，感觉舒服并发挥才智。

理解每种教学策略的框架将使活动计划更加有效。

- 在儿童发现学习中，你要计划并运用策略促进儿童单独游戏或合作游戏。
- 在儿童主导的学习中，你要计划并运用策略促进、丰富儿童的互动游戏。
- 在共享学习中，你要计划并运用策略指导生成课程（emergent curriculum）。生成课程的开发意在回应儿童的兴趣，例如，通过研究参考书或手工活动来解决问题。它也可以包括针对现实主题的、或简单或复杂的项目活动。
- 在教师引导的学习中，你要计划并运用策略引领儿童学习微课，介绍小组活动、技能或游戏。
- 在教师主导的学习中，你要计划并运用策略主导教学；通过故事、对话、图片和演示来示范概念；使用动手操作类材料、学习性游戏和活动引入新观念与更复杂的技能。

以下部分探讨上述每一种策略如何支持具体的学习目标和儿童需要，首先讲述一个小故事，随后设计了一系列问题来阐明故事当中发生了什么。这些问题包括：儿童正在做什么？教师正在做什么？如何进行？何时最有效？对活动计划有何启发？在每种教学中，教师和儿童都在参与和学习中扮演积极的角色。此外，还就如何设计和促进每一种学习提供了指导。

支持儿童发现学习

在自然桌旁,孩子们伸手拿木碗,里面装着树枝、香枫球和糖枫籽。在伸手可及的篮子里放着松果、树皮、树棍"饼干"和干花。一个透明的塑料容器里装着各种各样的贝壳。柔软的白沙被铺在一个个浅托盘中。孩子们把某些物体放

到沙子里按压、滚动制作模型,用小耙子、小铲子在上面画图案。

除了罗伯特在浅吟低唱之外,一切都很安静。西尔维娅起身去拿喷壶。她把贝壳喷湿,然后把它们压到沙盘里。在她旁边,罗伯特在堆小树枝"饼干",并在周围建了一条圆形的小道。他在每块"饼干"上稳稳地放上松果,并不时伸手去拿另一根树枝或松果。

艾琳老师饶有兴趣地观察着。她站在几步之外以免打扰聚精会神的孩子们。当有松果从桌子上滚落时,她会捡起来递给罗伯特。"谢谢,"他说,并加上一句,"我在建森林小屋。"她回应道:"当你建完的时候,我们可以拍张照片。"

儿童正在做什么? 发现学习通常出现在儿童全神贯注地工作或游戏时,他们或独自进行,或与同伴合作进行。在发现学习中,孩子们是主动探究者。除非出于确保安全或健康的需要,否则来自成人的干预是最小化的。

教师正在做什么? 在儿童发现学习中,教师是积极的观察者。尽管游戏看起来是"独立的",但环境和材料是教师精心准备的。他们会待在附近观察、记录儿童的活动,并在整个过程中调整材料,使之和儿童的选择、想法及兴趣相匹配。他们运用自己对儿童能力发展的理解来组织空间和材料。

如何进行? 儿童发现学习的例子包括:玩松散材料,开展富有创造性的艺术项目活动,探索、搜集自然物,玩精细动作游戏、沙水游戏和积木游戏。当孩子们深度参与这些活动时,教师的干预可能会影响他们的想象力或创造力的集中发

挥。儿童被这些活动深深吸引，需要时间深入思考、解决问题和以自己的方式试验材料。

何时最有效？ 当常规一以贯之且儿童知道做什么时，儿童的发现学习最有效。环境必须加以精心准备，和儿童对刺激的需求相匹配。此外，教师必须对儿童的发挥水平和参与水平保持敏感。当干预或对话会打断或削弱儿童的专注、自主或独立且富有成效的游戏时，儿童发现学习会是个恰当的选择。

对活动计划有何启发？ 在针对儿童发现学习制订活动计划时，教师要评价个体儿童的发展和学习需要，选择并安排材料以促进儿童正在形成中的技能的发展。适合儿童发现学习的支持水平，要求教师规划空间让儿童能够持续参与，并在难度适中的挑战下进行探索。

促进儿童主导的学习

在娃娃家，埃塞尔做着戏剧化的动作。"哎哟，我的后背疼。亲爱的，你来抱孩子。"她把玩具娃娃放在特薇拉的大腿上，说："给她个瓶子。我在做晚饭。"特薇拉让玩具娃娃大声打嗝。"乖宝宝，你打了个好大的嗝儿。"她说。

乔治把一辆折叠婴儿车放到桌子上。"我要去购物。"他拿着一块带笔的写字板，问特薇拉："都买什么？"特薇拉说："买巧克力味牛奶。"埃塞尔说："买南瓜馅饼。"乔治匆匆忙忙地记录着。埃塞尔又说："买尿布。"

萨米老师递给乔治一个钱包。"给你钱包，乔治。走之前数好钱。告诉埃塞尔和特薇拉你有没有足够的钱买巧克力味牛奶、南瓜馅饼和尿布。"

儿童正在做什么？ 儿童主导的学习发生在各种各样的游戏活动中。儿童在其中是主动的设计者。他们在教师精心准备的环境中探索、游戏、发起、选择并主导活动的进程。"有指导的游戏"（guided play）这一术语也用来描述这种类型的游戏，教师在其中有目的地准备材料，带着明确的目标促进儿童的学习（Hirsh-Pasek et al., 2008）。活动的目的是为儿童学习概念、词汇和新观点提供机会。

教师正在做什么？ 虽然儿童主导的游戏和学习看起来是"自然"出现的，但是这需要教师提前做好充分的准备。教师要深入了解儿童，评估每时每刻可能出现的促进学习的机会。教师的支持不能代替或打断活动的流程或儿童的意图。教师可以发起对话促使儿童进行更复杂的思考，也可以通过提问支持儿童解决问题。这种程度的支持需要教师对学习目标有清晰的理解，并对儿童正在形成的技能和素养拥有深刻的认识。

如何进行？ 当儿童在学习区或活动区参加戏剧游戏和自由活动的时候，儿童主导的学习就会发生。教师可以提出对儿童的思维具有挑战性的问题，也可以引入更富挑战性的小教具，并向儿童展示如何使用它们。这些巧妙的干预能帮助儿童在他们的游戏、思维和想法之间建立连接（Blake，2009）。有指导的游戏能帮助儿童解决问题，通过迎接挑战持续游戏，建构词汇技巧并获得背景知识。

何时最有效？ 要产生好的效果，教师必须对每个儿童有深入的了解，必须规划空间和材料，使其易于获得并提供适当的刺激。教师要成为细心的观察者，留意可以引入词汇、提出促进高水平思维问题的机会。儿童必须要熟悉常规，以及教师对他们的期望。

对活动计划有何启发？ 在计划儿童主导的活动时，教师要嵌入具体的学习目标，并选择材料和活动促进这些目标的达成。他们选择图书吸引孩子们阅读，并把相关概念延伸到游戏活动中。他们要识别支持学习目标达成的一系列词语，准备相关的问题和提示。在制订有目的的计划的同时，教师还需对儿童的问题、兴趣和需要保持回应。

导向生成课程的共享学习

"看那只蜜蜂！"玛丽萨兴奋地指着蜜蜂说，"让我们研究一下为什么蜜蜂会在沙箱里吧。"乔希说："看它的触角，那就是它用来捕获猎物的工具。"玛丽萨又说："它爬进花朵里后会倒挂起来，用刺固定住身体。"乔希说："我看见了蜜蜂，但它不认为我是它的敌人。它回到花那儿去了。它为什么要倒挂在花里呢？"雅娜老师回答说："让我们看看昆虫方面的书，看能否找到答案。"

共享学习或生成课程可能有不同的含义，这取决于你的教育取向和哲学。对于生成课程，有一种重要的界定体现了如下理念：儿童用一种充满好奇的思维方式对环境做出反应，并在教师的指导下展开探索，拓展对世界的认识（Fleer，2010）。活动建立在儿童理解的基础上，并通过帮助儿童研究他们的兴趣和想法来拓展儿童的理解。当儿童回顾同样一些图书或游戏主题时，或者在室内、户外游戏期间问关于特定主题的问题时，我们便可看出儿童的兴趣所在。有些生成的项目比较简单，可以在一两天内完成。更多的是一些有深度的项目，有时也叫"项目式学习"（project-based learning），儿童可能要花几周甚至几个月的时间加以探索。许多教师会交替使用"项目式学习"和"生成课程"这两个术语。

儿童正在做什么？ 儿童对于他们在日常生活中遇到的模式、时间和问题感兴趣，渴望更深入地探索感兴趣的主题。他们学习使用书面和口头交流方式去搜集、组织和呈现信息。他们的发现常常又会令他们产生其他的想法和问题。

教师正在做什么？ 生成课程跟随儿童的脚步，但也需要成人的充分参与和引导，需要成人观察、倾听、记录儿童的问题并拓展他们的学习。教师要提供额外的材料和情境促进儿童持续学习。儿童探索、检验他们的想法，解释他们的想法并接受反馈，对他们了解的东西进行精细加工和拓展，并通过展示他们的已有经验来评价学习（Rodriguez et al., 2019）。

如何进行？ 生成课程的一个重要组成部分是提出引发儿童思维过程的开放式问题（Nunamaker, Mosier, & Pickett, 2017）。引导性的问题能帮助儿童探索事情如何发生以及为何发生。教师要帮助儿童注意细节，并询问儿童为什么会这样，将其与儿童的已有经验联系起来。教师要引导儿童："我想知道这件事是如何发生的（或这件事是否会发生、为什么会发生）。"

何时最有效？ 在儿童寻找有关某一主题的更多信息时，教师可以提供参考书，邀请嘉宾演讲，安排实地参观，或者提供用于探究的工具和资源。例如，儿童在研究昆虫的过程中会需要昆虫收纳盒、放大镜和科学杂志。在对材料进行分类前，他们可以看有关垃圾回收的视频。他们可以用蜘蛛网络图画出他们的想法，或者用鞋盒子整理材料。这些支持有助于整理孩子们的问题及他们搜集的信息，然后帮助他们得出有关其发现的结论（Watt et al., 2013）。

对活动计划有何启发？ 游戏活动为教师带来了许多引导儿童进行生成性学习的机会（Trundle & Smith, 2017）。教师可以对课堂活动和材料加以选择，以帮助儿童探究议题或解决问题。活动计划可以发挥如下作用。

- 当儿童注意到他们周围的关系、事件和经验时，活动计划有助于拓展他们关于感兴趣的事物的知识。
- 帮助儿童在不同的学习领域间建立连接。例如，当儿童探究天气模式或照顾宠物时，他们也在学习沟通交流、组织信息、运用数学知识以及应用创造性技能。
- 支持各种各样的技能水平，包括所有儿童已有经验的贡献。
- 嵌入个别化教育计划的目标及其他个别化的学习支持。

备课资源：探索生成课程

生成课程在各种各样的早期教育课程中是一种灵活而重要的学习方式。不管你的教学哲学或取向是什么，甚至在有时间限制的情况下，你都能通过多样的方式把生成课程纳入其中。

生成性学习会在短暂又具有可教性（teachable）的时刻，在你重视儿童的兴趣和问题时发生。你可以花几分钟的时间，更深入地看看儿童看到的事物，或者查阅书中的信息，向儿童展示如何找到问题的答案。例如，儿童可以比较从外面搜集的不同昆虫，搞清它们是如何移动的。

生成性学习可以包括儿童探索令他们感兴趣的主题的短期项目。你可以为孩子们准备一次实地参观。校外访客来到班级，可以给儿童介绍一些想法、材料或故事，帮助他们学习更多有关某一主题的内容。你可以更深入地研究孩子们经历的某些东西，如季节变化或转到一所新学校的感受。学校或社区的图书管理员能够提供各种各样有关某一主题的参考书。

生成性学习也可以包括时间更长、更深入的项目，儿童在这个过程中花几周或几个月的时间探索想法、问题及解决方法。例如，你们可以花 6 周时间研究植物是如何生长的。你会让学生们参与播种，用不同的光源做实验，比较不同的浇水安排。你们可以孵化蝌蚪，研究一只青蛙的生命周期。你们还可以探索各类艺术品，如拼贴画、风铃或编织物。关键是为孩子们的深度学习提供时间、信息和材料。

尽管有很多生成课程和项目式学习的例子，但核心原理都是顺应你所教的特定儿童的兴趣，帮助他们拓展对所处的独特环境表现出的好奇心和惊奇感。美国新英格兰地区的儿童可以研究季节变化；亚利桑那州的儿童可以研究仙人掌怎样生长；怀俄明州的儿童可以探索风如何吹动物体。你会发现，儿童对自己的世界有许多想法和问题。

加强教师引导的学习

在科学区，梅甘和西娅掰开松果的鳞片，看到种子掉落在桌子上。她们透过放大镜注视着种子，然后数种子并把它们放到小塑料管里。她们想看看哪个松果里的种子最多。梅甘说："我把种子抖搂出来了。"

桑切斯老师问："你们注意到了什么？如果你们不把种子抖搂出来，那么它们还会怎样掉出松果？"西娅回答说："可能松果落到地上的时候，种子会掉出来吧。"梅甘说："可能雨水会使它们露出来。"于是，桑切斯老师给她们介绍了一本关于鸟、动物和风如何把种子带到其他地方的书。

儿童正在做什么？ 儿童是积极参与的伙伴，但要顺应教师的引领。儿童仍然有着高度的自主性和选择权。他们使用许多材料参与动手做的活动，提出问题并参与有意义的对话。

教师正在做什么？ 在教师引导的学习中，教师要引入并示范具体的技能。他们可以计划一节简短的课来增加内容的复杂性或深度，或者演示新技能。无论是一对一还是在小组中进行，教师的示范和支持都有一系列目标。教师会把新的技能或知识和儿童已有的经验联系起来，并保持回应性，以支持儿童正在形成中的素养。

如何进行？ 在教师引导的学习中，教师向个别儿童演示或者采用灵活的、分小组演示的方式，从而支持儿童的学习。教师引导的学习可以在微课或成人推动的小组活动中进行。教师在其中准备材料和活动，并提供示范以引入新技能或新信息。这种策略可以用于数学游戏、大肌肉运动游戏、科学实验以及其他需要新知识、新技能或新程序的学习类游戏和活动。教师可以引入新歌曲，给孩子们读书，或者让他们带着具体的目标参与活动。

何时最有效？ 教师引导的学习在儿童已经开始学习技能或使用材料（如搭建斜坡滚球，或玩七巧板）时实施最合适。它是教师开展读写工作坊活动的一种首选策略。当教师需要通过示范和口头支持引入新观念、新词汇或新技能时，就可以使用这种方法。要取得成功，教师必须表现出高水平的回应性，和儿童建立牢固的个人关系，并且尊重儿童的发展和学习需要。

对活动计划有何启发？ 在计划教师引导的学习时，教师主要规划具体的导入和支持如何进行。一般情况下，这类活动是简短的，针对特定的技能，对儿童来说引人入胜，且满足特定的学习目标。活动要促进儿童发展，要有一些备用的信息、材料和途径来满足技能水平不同的儿童的需要。

丰富教师主导的学习

布莱尔老师刚刚读完了马库斯·费斯特的《彩虹鱼》(The Rainbow Fish, Marcus Pfister)。她强调了"闪闪发光""微微发亮"和"眼花缭乱"这些词。她拉出一个盒子，拿出一块软抹布和一个装满水的喷雾瓶。她往一面手镜上喷水，再把它擦干。她凝视镜子，说："嗯，这面镜子闪闪发亮。"孩子们咯咯笑着。"让我看看。我的银色盒子里还有没有其他闪闪发亮的物体？"

布莱尔老师掏出银勺子、黄铜钥匙、黑色漆皮鞋和太阳镜。她把这些东西放在木勺子、海绵、网球鞋和橡胶球旁边，问："这些东西哪个闪闪发亮，哪个黯淡无光？"孩子们说："镜子是闪闪发亮的。钥匙是闪闪发亮的。"马丁说："一双鞋是黯淡无光的，一双鞋是闪闪发亮的。"春达说："我爸爸说我是一颗闪闪发亮的星星。"布莱尔老师说："有时候人们会用像'闪闪发亮的星星'这样的描述性词语表达他们的感受。你的确像一颗闪闪发亮的星星。"

教师主导的学习，有时也叫"直接教学"(direct instruction)，通常在教师示范新技能和介绍新概念时进行，用于引入被定为目标的知识、技能、词汇或概念。这种方式往往在教师提供个别支持期间和组织小组（大组）儿童学习时被采用。

儿童正在做什么？ 儿童可以和教师一起工作或者在小组中学习，观察教师的示范，回答具体的问题。儿童在参与过程中不仅是积极的伙伴，还要跟随教师的指引。

教师正在做什么？ 教师可以在微课中引入技能，随后开展个人或小组活动。教师可以以规定的方式指派角色，邀请儿童参与。所谓"规定的方式"，也就是说需要儿童听从指导，按步骤有序地进行或者完成特定的任务。教师使用真实的物品、图片以及提问吸引儿童参与。

如何进行？ 教师主导的学习通过与学习内容有关的微课（如读书、大肌肉运动游戏、音乐活动、数学、科学学习或社会学习）进行。其他的例子包括：含有歌曲、运动元素的晨圈活动，晨间问候，日常分享或者在帮助儿童准备当天的活动时进行的指导。

何时最有效？ 教师主导的学习要减少死记硬背的活动，使儿童有更多机会相互学习、主动参与和回答开放式问题。教师主导的学习必须要灵活回应儿童的需要。例如，当教师注意到儿童需要暂停运动时可以缩短活动；当意识到儿童没有理解自己所呈现的概念时可以增加材料。教师需要监测儿童的参与并对他们的需要保持敏感。

对活动计划有何影响？ 在这一支持水平上，教师首先需要制定包含指定技能的学习目标。教师要规划材料，按优先顺序列出他们想示范、引入或加强的词语、概念，规划其与儿童的背景知识和经验的具体连接。教师要调整、拓展材料和支持，以满足特定儿童的需要。活动计划中要包括用于促进儿童和材料互动的提问、线索和机会，以确保儿童感兴趣并积极参与。

教学小贴士：支持以儿童为中心的学习的有效策略

以儿童为中心的活动计划不只有助于你规划儿童将要做什么，而且提供了一幅有组织的蓝图，告诉你要准备做些什么来支持一群特定的儿童以及一种特定的学习。当你回顾表 2.1 时记住，教学策略连续体的目的是帮你决定事先需要做什么、教学期间需要做什么，以及教学结束后需要做什么。没有这一视角，你可能会发现你只准备了事先需要做什么。

表 2.1　教学策略连续体

策略类型	教师角色	何时应用
儿童发现学习 儿童是积极的探索者	准备环境，主动观察和记录，确保活动有适度的挑战性。当出现安全问题或儿童遭遇挫败时进行干预。	在儿童进行探究学习、想象游戏、建构活动、任务取向的游戏时应用。
儿童主导的学习 儿童是积极的设计者	准备环境，支持儿童学习，激励儿童发展新的技能，增加活动的复杂性和挑战性。引入并拓展概念，丰富儿童的词汇量。	在儿童进行戏剧性游戏、操作性或探索性游戏时应用。
导向生成课程的共享学习 儿童是合作学习者	记录问题，提供步骤和资源，支持新知识的展示。	在教学时间、短期项目或长期探究期间应用。
教师引导的学习 儿童是积极的参与者	引入技能、策略和概念，示范并鹰架学习，促进合作活动。	在开展新活动，或者在活动涉及新概念或新材料时应用。
教师主导的学习 儿童是积极的学习者	教授并示范新技能，引导或推动微课、游戏、小组互动活动、大组互动活动的进行。	在微课、阅读、数学游戏及数学谈话期间应用。

你可以连续使用教学策略，意思是先用一种策略，然后用另一种。例如，你可能想用教师引导的学习开始一个活动，给出明确的指令并示范如何与材料互动，然后你把孩子们带向儿童主导的学习。

对于活动计划中教师引导的学习，你可以：

- 写出引入的步骤；
- 列出要点提醒自己想问什么、说什么；
- 列出微课所需的材料；
- 描述你将如何引导儿童完成活动的各个步骤。

当儿童能够独立地游戏时，这些活动就变成儿童主导的学习。接下来在活动计划中，你可以：

- 写下学习目标；
- 列出儿童所需的材料；
- 强调你想支持儿童学习的词语、问题及概念；
- 描述你将如何记录儿童的学习。

在开始教学前，由你来评估孩子们的情况、需要和学习目标，确保你已做好准备。这不是要你在教学前"把事情都搞清楚"，而是要你有行动计划，为自己和孩子们的体验过程提供必要的结构与目的。

使用活动计划，你可以事先评估你需要引入的事件、材料、概念、词汇或策略的顺序，以及在何种情况下，你可以挑战儿童的思维、增长儿童的知识、调整材料以最大限度地产生影响。这会使你的教学具有前瞻性。

你可能正计划着要推动儿童发现学习。在这种情况下，你需要考虑儿童是否有足够的空间，他们是否会分心，材料是否具有足够的挑战性。你需要确保，单是材料就为双手和好奇的大脑提供了趣味游戏的可能性。你可能准备提供更具挑战性的材料。活动计划能帮助你在所有的学习情境中变得更加有效率。

有用的提示：为活动计划添加教学策略

当你为教学做计划时，你会给儿童提供什么选择？你会怎样让他们参与有意义的对话？什么材料能提供动手做的经验？无论你选择什么策略，儿童都需要成为自己学习的积极主体。

在游戏化学习中，儿童在达成学业目标的过程中是积极的参与者（Stipek，2017）。你的角色是推动儿童进行高水平的思维活动。你要挑战儿童，让他们直面真实的问题，并且运用动手操作类教学工具。不管处于教学策略连续体的哪一位置，你都要持续对儿童做出回应。

当你制订具体的活动计划时，不要尝试一下子把所有东西都加上去。针对你的教学方式和环境，选择"可行"的那部分。你会在第三章研究儿童发现学习、儿童主导的学习和共享学习的例子，在第四章研究教师引导学习和教师主导学习的例子。你可以一次从一种策略开始。

对于**儿童发现学习**，要描述活动，包括学习目标和目标技能（儿童需要处理或者做什么）。提供材料列表，加上个别的调整措施、延伸活动和支持以确保儿童取得成功。决定如何记录和评价儿童的学习。

对于**儿童主导的学习**，要描述活动，包括学习目标、目标技能和材料列表。列出需要促进儿童思考和理解的词汇、概念与问题。进行个别调整、延伸和支持以确保儿童感受到适当的挑战性。决定如何记录并评价儿童的学习。

对于**导向生成课程的共享学习**，记录儿童用于探究或者进行项目式学习的问题。制订一个计划定位信息并监测儿童的进步。进行个别调整、延伸和支持以确保儿童取得成功。帮助儿童选择展示学习成果的方式。

对于**教师引导的学习**，要描述活动，包括学习目标、目标技能和材料列表。列出需要促进儿童思考和理解的词汇、概念与问题。进行个别调整、延伸和支持以确保儿童取得成功。决定如何记录并评价儿童的学习。

对于**教师主导的学习**，要描述活动，包括学习目标、目标技能和材料。列出需要促进儿童思考和理解的词汇、概念与问题。进行个别调整、延伸和支持以确保儿童取得成功。决定如何记录并评价儿童的学习。

这些策略中的每一种都：

- 能链接早期学习指南、全美幼教协会早期学习项目认证标准和各州早期教育标准，从而选择基本的学习目标；
- 需要教师以儿童为中心来认识观察、记录和评价（见第五章）；
- 需要教师反思，考虑什么进行得很顺利，决定下次想做何改变，思考你从儿童和你的策略所产生的影响中学到了些什么。

既一以贯之，又保持灵活

孩子们正在为面包房做橡皮泥甜甜圈。乔舒亚和玛吉同时伸手拿面包师的围裙，随后拉扯起来。西莉斯特老师说："我看你们都想要那条围裙。还有别的围裙吗？"乔舒亚说："篮子里有一条。"

西莉斯特老师继续引导他们的注意力："对面包师而言，戴上围裙很重要，这样顾客就知道谁可以帮助他们了。面包师戴围裙还有其他原因吗？"乔舒亚回答："这样他们就不会把巧克力弄到衣服上了。""这样他们就不会变得脏脏的了。"玛吉补充道。

西莉斯特老师注意到了由围裙引发的小小的争抢事件。她温和地描述了她看到的情况，很快把注意的焦点转向谈论戴围裙的目的上。随着这一贴心的引导，孩子们轻轻松松地重新开启了烘焙游戏。

这个戏剧性游戏主题始于那一周的早些时候孩子们制作甜甜圈。他们在干黏土上画图案，还通过画画和写价格制作了菜单。当地的一家烘焙店捐献了面包师戴的帽子。西莉斯特老师用面粉袋当围裙。一名家长用螺丝将把手固定到架子上，做了带有"温控"功能的烤箱。家长们还捐献了平底锅和容器。这样的活动需要精心准备。

巴克（Bakker，2018）强调，"矛盾点在于'我们想给学生的自主权越大，我们必须把任务设计得越好'"（p.173）。支持学习的每种策略都需要教师主动地计划和回应。除了活动本身，你还必须准备好在孩子们进入或退出活动时给予他们协助，在他们面临挑战的时候帮助他们解决问题。儿童怎样与材料互动？是你期望的那样吗？你要对对话、材料和支持的水平做出持续的调整，以确保活动开展得顺利！

当你变得和孩子们非常合拍时，你会逐渐对他们提供的线索和展现的需要变得敏感。你的教学方式将变得和他们的学习方式一致。你会调整你的支持水平，鼓励他们在发展技能的时候自主、自信。你对儿童个体的敏感会成为你的教学工具箱中最受欢迎的工具。通过详尽的活动计划，你会拥有一套精确的指导方法来实践有效的教学。

教学小贴士：井井有条，灵感不断

小步前进。一次尝试一种新策略，看儿童如何回应。然后，增加你所用的材料和策略。小步子会带来大影响。

每周留出专门的时间做准备。把活动计划添加到你每周、每月的日程表中。你会专门花时间完成排在计划表前面的任务。你将能够排出时间准备材料，找书或借书，布置空间。这会最大程度地减少"临时抱佛脚式"的准备工作发生。

写反思日志。每天结束的时候，在文档里写下简短的描述——关于自己你有何发现，关于儿童你又了解到了什么，或者你的某个好主意。回答两个简单的问题："我做了什么，结果如何"和"我看到了什么，我了解到了什么"。你的回答将帮助你认识到自己对教学有着不可思议的影响。

和同事交谈。当教学进展顺利的时候，分享一下你的经验。当你需要新的想法或支持来战胜挑战的时候，和同事联系与交流，你和你的同事可以共同成长。

链接研究：增加学习机会

罗伯特·皮安塔（Robert Pianta）和同事（2018）描述了学前儿童课堂学习的三个基本成分：①教师实践和儿童参与；②课堂活动和环境；③儿童接触教学内容。他们研究了117个学前班级，发现（和以往的发现类似）在这些接受观察的班级中，教师主导的活动大约占了一日活动时间的40%，包括28%的集体活动，6%的小组活动，4%的个别互动。除教师主导的活动时间外，剩余时间被划分为自由游戏时间（占30%）和餐点、常规、过渡环节时间（占30%）。

研究者想知道，在这些活动和过渡时间里儿童学习了什么。在一整天大约35%的时间里，教师在支持儿童进行学术性学习，主要体现为读写和社会领域。只有4%的时间集中在社会情感学习上。教师主要在教基本技能，更侧重分析的教学却非常少，只占大约3%的时间。教师有大概半天的时间用在教学管理和一般交流上。

这些发现表明，如果不做有目的的计划，没有明确的重点，那么就很难超越基本的常规和技能教学。研究者们讨论了以下需优先考虑的事项（Pianta et al., 2018）：

- 以有意识地促进儿童持续学习的方式管理时间；
- 在常规、餐点以及其他活动中始终注意语言、自律和社会性技能的教学；

- 培养儿童的批判性思维能力，如按照特征对物体进行分类，头脑风暴以及对概念进行高水平的探究。

有目的的计划能确保所有儿童在每一天都经历多种多样且具有充分挑战性的学习机会。详细的活动计划能够帮你评价自己利用时间的方式，设计能促进儿童的学习和发展的经验。

田野笔记：小变化，大影响

孩子们很少去碰那些布娃娃。大多数时候，那些布娃娃被乱七八糟地堆在婴儿床上。我的配班老师和我剪了些彩色袜子，用来给布娃娃做帽子。然后，我们又卷起同样颜色明亮的手巾做睡袋。我们把便宜的蚊帐挂在墙上的钩子上做了顶帐篷。我们给动物填充玩具系上普通的大手帕，还加上硬纸板做的"双筒望远镜"。之后，我在读书时间读了辛西娅·赖兰特写的《亨利、马奇和星空之夜》(*Henry and Mudge and the Starry Night*, Cynthia Rylant)。孩子们不仅创编了两个星期的野营故事，还了解了关于森林野生动植物和北斗七星的知识。

有用的提示：计划游戏材料

在计划游戏材料时，想想何种经验能让儿童投入更复杂的学习。关键是要把一系列主题性的饰品、道具和服装放在一起，帮助儿童再现源于日常生活的事件。好的游戏内容来源于书中的故事和人物，包括介绍新概念和观念的知识类图画书。

在决定了主题目标后，把材料整理好并存放在透明的容器里。可以把各种各样的材料放在一起，这样你就能记录材料清单。例如，你可以在每个容器的盖子上贴一份材料清单，这样你就能看到里面都有些什么。你还可以准备一份"下一次"记录单，便于你快速写下一些提示（包括哪些材料使用良好，下次要以什么方式引入词汇、图书或其他道具）。

用各种各样支持性的道具拓展你的主题。你可能已经有保健人员用的外套和听诊器，还要加上医生的记录本、包扎用的绷带、医疗包、帆布床和电话。放上几本书，如山姆·劳埃德写的《喵医生的急诊室》（*Dr. Meow's Big Emergency*，Sam Lloyd），斯坦·贝伦斯坦和简·贝伦斯坦写的《贝伦斯坦熊看医生》（*The Berenstain Bears Go to the Doctor*，Stan Berenstain & Jan Berenstain）。用你的创意考虑如何丰富游戏，例如，利用展示墙、增加蚊帐或者用盒子建一座医院。孩子们会非常乐于参与游戏。

针对儿童扮演教师的游戏，教师可以增加能放置在膝盖上的黑板或白板、几本启蒙读物、铅笔、贴纸、纸张、磁带、背包和铃铛，投放凯里·迈斯特写的《老师》（*Teachers*，Cari Meister），娜塔莎·温写的《上幼儿园的前天晚上》（*The Night Before Preschool*，Natasha Wing）等书。问问孩子们还想要什么材料。他们会产生很多实用的想法来拓展游戏。

活动计划案例
——制订主题游戏计划

在制订活动计划时，你选择的主题和相关目标要与高质量的、可完成的、具有挑战性的早期学习标准一致（NAEYC，2018）。你会在第三章中发现如何运用这些标准。你将在儿童特定的兴趣或课程主题的基础上准备一个单元或主题。对内容的计划常常始于大概念（big ideas）。此外，一个简单的问题或想法也能引发更大的主题。

你可以用图2.1所示的图形组织者（graphic organizers）记录儿童在对更大的主题进行探究时产生的问题或想法。反过来，你也可以从一个更大的主题开始，通过头脑风暴产生更具体的想法和概念，并将其融入活动和游戏体验中。

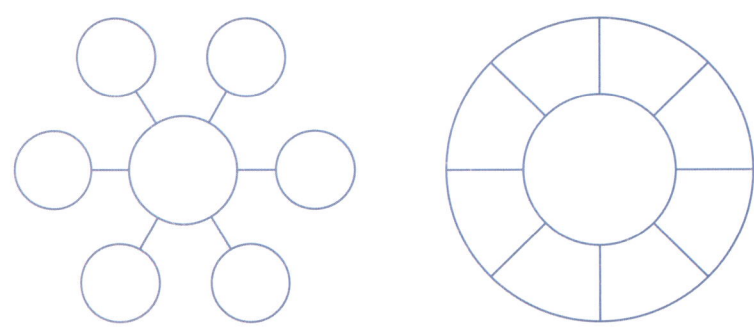

图 2.1　图形组织者可以用来记录儿童对所探索的主题的想法

当教师开发一个主题的时候，一份图书列表常常会带来帮助，因为这些图书介绍了人物、概念和词汇。你可以通过头脑风暴制定一份材料列表，并考虑如何将新的想法和儿童的生活联系起来。在你制订计划的时候，你会发现很多创意来支持儿童的参与。

有时候，一些幼儿园或地区就活动计划提供了建议，这些文件可以用作制订个别化计划的起点。每位教师必须深入了解儿童，做出支持他们具体的发展和学习需要的决定。教学选择和策略必须回应儿童及其家庭的多样性（包括语言、文化、社会经验和社区背景方面）。材料、活动和空间必须反映儿童的生活。年初时计划的活动随着时间的推移将不能为儿童带来适宜的挑战、难度和刺激，教师必须不断对空间、材料和教学策略进行评估，以确保它们与儿童群体和个体相关。

表 2.2 中的例子说明了教师围绕建筑和建造主题可以计划些什么，以支持儿童发现学习和儿童主导的学习。它列出了 10 种用于导入活动的图书、材料、概念、词汇、激发儿童学习的问题以及整合性活动。

表 2.2　关于建筑和建造主题的计划

早期学习标准

▲ 知识和想法的表征：SL.PK.5 使用绘画或在描述中加入可视化的表达，以提供额外的细节。

▲ 标准英语使用规则：L.PK.1e 使用常用介词，如，往（to），自、从（from），在……中（in），从……出去（out），在……上（on），从……离开（off），为了（for），通过（by），和（with）。

▲ 启动、参与和坚持：9.1.5 完成教师主导的，或者自己发起的任务、活动或项目。

▲ 应用于新情境中的学习：9.4.1 用先前的知识理解新经验或新背景中的问题。

续表

▲ 数学：
- ⊙ 4.4.1 对方位词做出反应，会使用方位词（如，"在……里""在……上""在……之间""在……下""在……后"）
- ⊙ 4.4.2 用准确的术语命名和描述某些平面图形（如圆形、正方形、三角形），开始用准确的术语命名和描述某些立体图形（如球体、圆柱体、立方体、顶点、角）。

（标准来自美国新泽西州教育部 2014 年《学前教育中的教与学标准》）

概念和大概念

儿童将会操作材料、阅读图书、开展对话以理解：

- ▲ 人们会建造一些场所（如消防站、医院、图书馆、学校、游戏场）用于生活、工作或帮助社区人员；
- ▲ 人们会使用一些材料（如砖、木头、石头、玻璃）进行建造；
- ▲ 人们在建造之前会进行设计并制订计划；
- ▲ 人们为了适应特定的空间和目的而设计建筑（如摩天大楼、低矮的建筑、车库、船坞、飞机库）；
- ▲ 人们和他人（如水管工、砖瓦工、玻璃安装工、电工）合作来完成建筑项目；
- ▲ 建筑设计要适合环境；
- ▲ 建筑工人需要建造的工具，并且制订建造计划；
- ▲ 建筑都是为一定目的而设计的（如别墅、消防站、医生办公室、公寓、烘焙坊）。

阅读图书：建筑和建造方面的图书

- ▲《数十亿的砖》（*Billions of Bricks*，Kurt Cyrus）
- ▲《从头到尾建造》（*Build It from A to Z*，Trish Holland）
- ▲《盖房子》（*Building a House*，Byron Barton）
- ▲《建筑工人》（*Construction Workers*，Cari Meister）
- ▲《建筑工人来帮忙》（*Construction Workers Help*，Tami Deedrick）
- ▲《乔伊想当建筑师》（*Iggy Peck, Architect*，Andrea Beaty）
- ▲《建筑师杰克》（*Jack the Builder*，Stuart J. Murphy）
- ▲《看那栋建筑——有关建造的第一本书》（*Look at that Building: A First Book of Structures*，Scot Richie）
- ▲《玛克辛制造》（*Made by Maxine*，Ruth Spiro）
- ▲《罗西想当工程师》（*Rosie Revere, Engineer*，Andrea Beaty）
- ▲《相同，却又有所不同》（*Same, Same but Different*，Jenny Sue Kostecki-Shaw）
- ▲《你能用工具箱做些什么》（*What Can You Do with a Toolbox*，Anthony Carrino & John Colaneri）

续表

学术词汇
- ▲ 平衡、比较、连接、建造、设计、安装、测量、计划、预测、追踪、解决

内容词汇
- ▲ 底座、横梁、天花板、柱子、图纸、地貌、地基、水平线、材料、复制、空间、正方形、结构、三角形、垂直的、墙,方位词(在……之间,在……旁边,上方,下方)

问题和提示
- ▲ 讲讲你的设计。
- ▲ 你首先(下一步、最后)需要做什么?
- ▲ 谁会住进你的建筑里?
- ▲ 你要对哪些要素进行设计?
- ▲ 你需要用到什么工具?
- ▲ 它如何起作用?
- ▲ 哪些社区工人能帮到你?
- ▲ 你想到些什么?你认为会发生什么?
- ▲ 你打算如何让建筑更适用(平衡,更高,更大,更小)?
- ▲ 你下一步要做什么?
- ▲ 你如何解决那个问题?
- ▲ 上方(下方、旁边、中间)要放什么?

整合性活动
- ▲ 阅读和语言:见图书列表。
- ▲ 音素意识和拼读:在建造(construction)、教室(classroom)、社区(community)、连接(connect)、帽子(cap)、马车(cart)、颜色(color)、比较(compare)这些词里,"C"的发音是"K"。
- ▲ 戏剧游戏:建筑工人的防护衣、工具、工具箱、安全带、头盔、护目镜、地图、安全胶带、卷尺、手套、标志、附带绘图纸的笔记板、尺子、铅笔、相机。
- ▲ 数学/精细动作:用卷尺测量教室里的物品。按照长度、高度属性给拼图排序。用叠在一起的推土机、混凝土搅拌机、自卸卡车、叉车、平地机、挖掘机、工具、帽子等物体的图片玩记忆游戏。
- ▲ 科学/自然:探索那些来自大地和植物的自然建构材料(如沙、鹅卵石、石头、岩石、木头、玻璃、丝线)。
- ▲ 社会技能/自我调节:解决问题。①你遇到了什么问题?②好的解决办法是什么?(试试它。)③这个方法好用吗?
- ▲ 沙水:光滑的坡道,管子,勺子,铲子,杯子,自卸卡车,传送带,林肯积木,光滑的黑色鹅卵石,水平仪。

续表

> ▲ 视觉艺术：用画架和我们镇上的墙面建筑草图来画建筑；用绵纸、布料和缝纫工具制作马赛克建筑。
> ▲ 音乐和运动：歌曲《我们在清晨这样敲钉子（锯木头、钻眼、用螺丝刀）》。

本书展示了各种各样的主题案例，如动物、家庭、健康和营养、家务、回收、社会情感学习、旅行和天气等。尽管主题案例不胜枚举，但其解释的是如何以一种整体的方式思考主题。随着时间的推移，儿童所有的学习和发展领域都将得到支持与加强。你需要考虑如何使每一个学习经验都真实、有意义、与儿童的生活相关联并且引人入胜。

在后续的章节中，你将看到如何把大概念和概念充分整合进各种游戏区和兴趣中心。你将会发现如何识别儿童在学习时需要成功掌握的许多技能。你会更加自如地做出改变和调整以确保儿童充分参与活动并取得成功。你还将探索通过真实性评价保证学习发生的诸多策略。

链接全美幼教协会《早期学习项目认证标准和评价细则》

> **标准2**——课程要求教师聚焦于一个能将所有学习领域都探索的广泛课程，包括社会性、情感、身体、语言和认知发展。学习的内容领域包括读写、数学、科学、技术、社会研究、健康与安全、创意表达以及艺术欣赏。重要的是，"课程应该允许一日活动安排既是可预测的，又是灵活的，并且回应了个别儿童的需要"（NAEYC，2018，p.21）。
>
> 全美幼教协会的标准为具体的教学实践提供了理念和目标。无论学习内容或学习目标是什么，课程都应该"以一种反映所有登记在册儿童家庭的价值观、信念、经验、文化和语言的方式实施"（p.21）。这意味着你要不断地重新考虑引入信息、提供教学支持、鼓励游戏和学习活动的最佳方式。
>
> 当你回顾内容领域中推荐的实践方法时，你会发现对儿童需要知道和理解什么，以及他们怎样才能学得最好的具体解释。你会发现从儿童视角出发呈现的信息，并能反思你创设安全的学习环境的方式。

标准3——教学为活动计划提供了重要的理念。教学人员应该"有目的地运用多元的教学方式优化儿童的学习机会。这些方式包括从结构化到非结构化,从成人主导到儿童主导的各种策略"(NAEYC,2018,p.40)。

可预测但灵活的常规包括儿童和材料、同伴及成人互动的多种方式。教师既提供一个完善的框架,又在整个过程中对儿童的需要保持回应性。

标准3.B 聚焦于创设一个成员彼此关心的共同体,其中"教师通过提供回应性的、贴心的、一贯的、愉悦的、支持性以及文化敏感性的关心和儿童建立个人关系"(p.41)。这一要求可用于督导,决策制定,使学习有意义以及反思性思维实践,以确保你不断成长,从教学实践中学到更多。

标准3.F 确保学习对所有儿童都是有意义的。"当学习和每个儿童的生活相关的时候最有效"(p.45)。

标准4D.4 确保课程管理中为教师留出至少每周进行合作计划的时间。

标准6A.7 确保书面的幼儿园政策中包含有关教师制订计划时间的内容。

反思性问题

当你依靠现在的方式制订计划时,想想你打算采取的小步骤,以及你想运用的新策略。花点时间回答下列问题:

1. 你现在的活动计划中哪部分实施良好?
2. 你想改变或提升什么?
3. 你想引入什么新的学习主题?哪些游戏道具和材料可以支持该主题?
4. 参考本章中介绍的有关教学方式的场景和顺序,思考你想使用什么新的教学策略。
5. 你想要儿童了解并能运用哪种具体的发展及学习技能?什么图书、道具、互动及活动能够强化那些技能?

第三章 准备以儿童为中心的主题和游戏区

识别游戏中的学习目标

格雷森和艾斯莉正在专心工作。他们选择了橡皮筋,俯身把橡皮筋套在几何板的钉柱上。格雷森的橡皮筋突然弹飞,掉在了艾斯莉的胳膊上。克里斯蒂娜老师走过来安慰艾斯莉:"格雷森正在谷仓图案那一边工作。橡皮筋像一只小鸟一样飞走了。你还好吗?"艾斯莉点头。

克里斯蒂娜老师又说:"把橡皮筋固定住需要非常集中的注意力。"艾斯莉说:"我的橡皮筋也飞走了。"克里斯蒂娜老师说:"是的,你的橡皮筋也飞走了。"

当孩子们开始操作时,克里斯蒂娜老师展示了一个做好的几何板。她向孩子们展示如何把纸样压在钉柱上。她帮助他们翻转几何板,让图案面朝上。她还演示了如何把皮筋套到钉柱底部,使其不会滑落。她使用了几种不同尺寸的几何板,这样孩子们就能选择最好用的。事先计划使这个活动取得了成功。

当孩子们选择橡皮筋并把它们套在几何板的钉柱上时,他们锻炼了多种技能。他们需要协调精细动作,把纸样压在钉柱上,同时要操作橡皮筋。他们在选择图案时不得不做出决策,在选择橡皮筋时根据颜色、尺寸进行比较,在努力工作时锻炼了坚持性,在避免外部干扰以完成图案时运用了执行功能,在寻求同伴或教师的帮助时提升了交流技能。这种分析的视角——识别儿童成功完成活动而必须具备的技能的能力,是活动计划的重要组成部分。你需要计划活动的目的,识别活动所要求的技能,并且了解学习的情境。

在规划游戏区,决定要探索哪些事物,包含哪些活动、图书或材料之前,知道目标是什么非常重要。学习目标不是要求儿童要做些什么,而是要回答一个问题——"儿童在参与这项活动或者操作这些材料的过程中将要学习什么"。

和内容有关的学习目标

学习目标包括促进儿童的认知发展，语言习得和词汇量发展，粗大和精细动作发展，社会情感发展以及科学、数学、社会研究和读写知识的发展。一旦你识别出学习目标，你就能计划活动，以及达到这些目标所需的教学支持水平和类型。下列问题将帮助你把学习目标和计划游戏的方式联系起来。

- 当儿童使用特定的道具、材料、空间和游戏方式时，你想要他们探索早期学习指南和内容领域里的哪些概念呢？
- 儿童将会学习哪些大概念（概念）？
- 哪些具体的材料和活动可以更好地支持儿童达到学习目标？儿童要探索、发现、尝试、再现或解决什么？
- 哪些词汇、概念需要教师引入并解释？
- 哪些引导性问题能促进儿童思维技能的发展？儿童会问什么问题？

和技能有关的学习目标

当你规划游戏空间和具体的材料时，识别儿童需要使用的技能。

- 儿童成功参与活动需要何种技能？他们需要看、听和交流吗？他们需要使用精细动作技能操作物体吗？他们需要解决社交问题和管理情绪吗？他们需要使用自我调节技能去计划、合作并组织游戏吗？
- 哪些事情儿童能独立进行？活动的哪些部分需要你的支持？儿童如何能够互相帮助？
- 这个活动能加强儿童哪些正在形成的技能？满足个别儿童的需要方面是否存在一系列挑战？

和情境有关的学习目标

当你计划游戏活动和材料的时候,想想儿童已经知道和理解了什么。
- 哪些背景知识有助于儿童理解活动目标或过程?
- 对于那些儿童已经熟悉且重要的经历,他们会形成怎样的模式,建立怎样的联系(相似、不同和连接)?
- 什么材料会激发儿童的创造力、批判性思维,帮助儿童获得有关文化、家庭和邻里的经验呢?

和标准有关的学习目标

学习目标要和你所在州或课程的早期学习与发展目标、指南或标准一致。儿童在玩积木游戏、戏剧游戏和精细、粗大动作游戏的过程中,和教师、同伴一起练习这些技能。

下面是一些学习目标的例子。
- 身体运动目标。儿童会搭积木,并用词语描述他们的行动。
- 语言目标。儿童能够识别图书插图中的物体,回应教师的问题,重述故事里的事件。
- 认知/学习目标。儿童会使用简单的地图查找、表征熟悉的地点和地标。
- 个人发展目标。儿童独立完成班级常规(如挂外套、清洗玩具)。
- 社会情感/语言目标。儿童使用词语描述情绪。

带着清晰的目的或学习目标,你就能识别有助于达成目标的材料、活动和互动。例如,当你想教儿童责任的时候,哪些经验会支持这一目标呢?这里是一些点子。
- 选择、阅读描写儿童照顾宠物、帮助家人的绘本。
- 用填充动物玩具、照料宠物的材料(如牵狗绳、碗、刷子)布置家务劳动区,鼓励儿童照顾宠物。

- 创设墙画以展示儿童在家帮助家人的照片。
- 要求儿童描述他们在家是怎么帮助家人的。
- 邀请儿童讲述帮助朋友的故事。
- 当你看到儿童在教室里表现出帮助他人的行为时，予以关注并加以描述。

通过识别学习目标，你可以就活动计划做出清晰的选择并判断儿童朝向目标所取得的进步。你能更好地评判要做些什么来教授儿童新技能，加强正在形成的技能，并增加技能的复杂性。

田野笔记：设计学什么而不是做什么

我以前习惯于创设游戏区让孩子们做某件事。我按照幼儿园提供的清单投放材料。后来，我问自己："孩子们在学些什么？"它让我注意到他们为什么会厌烦手里的材料而想要其他孩子的东西。于是，我做了我的第一个戏剧游戏道具箱。后来，我又做了另一个。最终，我能根据某一本书或某一个主题调整材料。我仍然在增加或改变材料以更新道具箱。现在，道具和服装已准备好随时满足孩子们的需要，为他们提供沉浸于游戏所需的一切。

认识到发展和学习领域之间的相互依存关系

伊斯顿和汉娜在手工桌旁努力工作。伊斯顿用彩色的瓷砖拼了一个图案。黑兹尔老师说："给我讲讲这个图案吧。"伊斯顿回答："我有2个红色的正方形，3个黄色的三角形。"

黑兹尔老师问："红色的正方形在哪里？"伊斯顿指了指。黑兹尔老师问："三角形在哪里？"伊斯顿又指了指。黑兹尔老师问："你接下来要添加什么形状？"伊斯顿回答："我要添加4个蓝色的正方形。""非常好，"黑兹尔老师回应,"你有了一个重复性的图案。"

汉娜说:"我有红色、黄色和蓝色。红、黄、蓝是我衣服的颜色。""说得对!"黑兹尔老师说,"服装设计师会在衣服上设计重复的图案。你的衣服上就有同样颜色的图案。"

孩子们刚刚在他们所在的城市庆祝了一个波兰裔美国人的节日。黑兹尔老师提供了带花朵图案的服装和带帽带的帽子供儿童装扮和跳舞。她在手工桌上添加了彩色瓷砖和图案设计纸。她这周的活动计划聚焦于图案和比较。这些概念被延伸到了教室的游戏区。

在科学区,孩子们按从小到大的顺序排列物体。他们给豆荚分类,看哪个最长,哪个最短。在数学区,孩子们给车辆称重,看哪个更重,哪个更轻。在感知操作桌边,孩子们用各种各样的意大利面辊揉橡皮泥,做成比较直的、波浪的和锯齿形的样式。在沙水桌边,孩子们用直径从窄到宽的管子,比较从不同的管子里出来的沙水的量。在艺术区,孩子们用亮闪闪的纸片、织物和带子做拼贴画。通过把主题整合到各个游戏区,黑兹尔老师有很多机会和孩子们谈论图案、颜色,进行分类和比较。

黑兹尔老师知道,游戏能促进儿童交流和语言技能(包括倾听、谈话、解释想法等)的发展。成功的游戏涉及执行功能,如注意、注意转换、计划、监控任务以及实施计划。儿童学习认识并尊重自己和他人的情感,面对挫折并交流他们的需要。游戏能增强社会技能,这些技能可以帮助儿童成功地参与到他人的活动当中。

在戏剧游戏过程中,儿童运用数学技能布置桌子,决定需要多少东西。他们在摆弄钱币、使用菜单、制作标识和玩规则游戏时会计数,在建构、沙盘、烹饪活动中会用到测量技能,在执行项目和使用测量工具的过程中也运用了数学技能和知识。日常生活中儿童在数午餐、出勤儿童的数量以及户外走的步数时也会接触数学。数学还会出现在图书、图画和展示物中。这些多元的经验形成了对儿童学习的不同层次的支持。

通过项目活动和使用开放性材料开展具有文化全纳性的想象游戏,儿童将数学技能应用在科学、技术、工程、艺术和数学活动中(Broughton & McClary,

2019/2020）。儿童在玩七巧板、给钉柱分类、设计卡片、设计图案和玩拼图游戏等精细动作游戏中学习排序。戏剧游戏和艺术活动能促进儿童的数学学习（Mixon，2015；Reed & Mercer Young，2018）。

儿童的问题解决能力会在儿童用乐高积木、磁力积木开展建构活动的过程中得到加强。儿童在玩积木的时候使用诸如多少、增加和减少之类的数学词语。卡牌游戏能强化儿童一一对应、加法和减法的相关技能。数学操作活动帮助儿童表征对物体的分类、增加和减少。

在游戏过程中，儿童组合或整合技能以达成目标。例如，在戏剧游戏中假装购物时，儿童需要通过自我调节来集中注意力、安排步骤以及和同伴协调选择。他们运用语言技能买东西，运用精细动作技能在写字板上列出购物清单。重要的是，教师要事先识别这些技能，考虑儿童会需要何种空间、材料和支持才能取得成功。

支持正在生成的技能和倾向

乔治老师改造了"梯子和滑梯"桌面游戏，为毛毛虫在分层文件夹上建了一条可以走的路。莎莉和埃利亚斯滚动两个立方体来说明他们的毛毛虫沿板子走了多少距离。游戏最后是一个彩色的蛹，毛毛虫可以在那里变成蝴蝶，沿途是给毛毛虫"吃"的叶子和嫩枝。

"我的毛毛虫比你的走得快。他走了8个正方形。"埃利亚斯宣称。莎莉说："我要滚两个6，这样我就能超过你了。那才是最远的。"乔治老师介入，他翻转两个立方体，指导孩子们看到上面的6个点。"这是最远的……6加6。让我们把它们加在一起，得到12。"

改造后的棋盘游戏加强了儿童的数字顺序、一一对应和基数概念，即最后一个数代表集合的总数。立方体上用点子代表"多少"。莎莉只通过看点子就能够认数或者识别数量。她将一个立方体上的 3 个点子加到第二个立方体的 2 个点子上。埃利亚斯需要点数两个立方体上的点才能算出总数。当乔治老师向他们展示两个 6 相加的总数时，他强调了两个相等的数的概念。棋盘游戏让儿童得到了真正的数学锻炼（Moomaw，2015）。这个游戏满足了处于不同理解水平的儿童的需要。

此外，游戏化的课堂学习支持坚持、努力、创造等品质和问题解决技能，这些都是未来儿童在学校获得成功的预测指标（Neuenschwander et al., 2012）。儿童学习协商、合作，朝向多元目标努力。游戏化学习有助于儿童获得这些所需的品质、技能和能力（Moreno，Shwayder，& Friedman，2017）。

当你计划以儿童为中心的活动时，你会以一种适合儿童的学习需要的方式吸引他们参与。你对每一个儿童了解多少呢？你能描述出每个儿童正在形成的技能吗？你是否有规律地观察并记录了他们都在做些什么？你通过笔记、照片、视频和他们的作品捕捉到他们的学习了吗？你知道什么能激励他们，让他们对学习感到兴奋吗？

当你计划活动时，要考虑那些重要的态度、技能和学习品质。下列问题将会帮助你考虑你的计划带给儿童的影响：

- 活动或游戏的哪些部分会锻炼儿童的批判性思维和问题解决能力？
- 儿童需要怎样一起工作？如何培养他们的合作能力？
- 你将如何帮助儿童以一种新的方式思考他们的工作和学习的可能性？
- 什么书或者材料可能激励儿童对学习进行持续探究？
- 什么会引发儿童对游戏主题的好奇心、创造力和想象力？
- 儿童需要哪些词语来理解正在探索的概念，分享他们的想法？
- 活动的哪个部分会引导儿童相互介绍彼此的观点和想法？

随着你对儿童的灵活性、合作能力、问题解决能力和参与水平更加熟悉，在看到儿童需要额外的挑战时你要调整你的支持或材料。你对儿童正在形成的技能和能力了解得越多，你在准备和他们的需要相匹配的经验时回应性就越强。

> **备课资源：研究标准和早期学习指南**

州教育部提供了重要的0—5岁教育资源，如早期学习指南，以及与来自文化、语言多样性家庭的儿童一起工作所需的资源。早期学习指南呈现的是儿童在学前阶段需要学习的内容。你对和每个学习领域有关的概念与词语理解得越深入，在计划活动的时候就越高效。这类知识可以帮助你识别最好的教学方式——儿童发现学习、儿童主导的学习、共享学习、教师引导的学习或者教师主导的学习——为儿童的学习提供多层次、整合性的支持（见第二章对不同的教学方式的完整描述）。

进一步挖掘以儿童为中心的教学所涉及的内容与技能

埃米特和乔丁拿着一只带手电筒挤在一艘用纸板箱制作的独木舟里，研究邦妮·沃思的书《穿越热带雨林》（*If I Ran the Rain Forest*，Bonnie Worth）。"雨林里小朋友不是真的在和动物说话。那是假的。"乔丁说。埃米特表示同意："是的，但是蜂鸟和鹦鹉是真的。"佩妮老师说："你俩说得都对。乔丁说'雨林里小朋友不是真的在和动物说话'，埃米特说'蜂鸟和鹦鹉是真的'。有时真实的和虚构的人物同时存在于书中。乔丁，你发现了虚构的东西；埃米特，你发现了真实的东西。"

佩妮老师的教室看起来像一座雨林。弄皱的棕色纸袋被当作树干，硕大的绿色树叶悬挂在阅读区上方。孩子们用纸筒、颜料和羽毛做了巨嘴鸟、红金刚鹦鹉和极乐鸟。色彩鲜艳的鸟在绿色的棕榈叶上跳跃。一个小小的吊床架子上放着关于雨林动物的书，雨林动物有变色龙、红眼树蛙、猴子、树懒、狐猴、食蚁兽和猩猩。阅读区的墙面上覆盖着孩子们画的这些动物。孩子们在由箱子做成的独木舟里读书。有一个大大的标记悬挂在他们的上方，上面写着"亚马逊河"。

数学区里老师利用雨林动物设计了数学游戏和拼图,如巨嘴鸟计数游戏,猴子拼图。佩妮老师把"国家地理"(National Geographic)网站上动物的彩色图片打印出来粘到纸板上,再把它们切割成拼图块儿。

孩子们正在学习有关雨林的各方面知识。他们通过头脑风暴想出他们想要居住的家,如带吊桥的树屋和帐篷。他们设计了整个房间的墙面,展示各种各样的树和花,把他们有关雨林的画挂在墙上。佩妮老师会在孩子们准备午睡的时候播放来自雨林的声音,让孩子们倾听鸟鸣声、流水声以及雨林中其他的自然声响。

在这样一种环境中,佩妮老师写好了活动计划,涵盖儿童学习的每个领域。她知道,当学习和儿童的真实生活经验联系起来时,儿童的动机和参与热情就会被激发。她也知道,这样一种能允许儿童自由探索和选择活动的以儿童为中心的空间,可以让儿童投入对新想法和材料的探索中。她设置了每个领域具体的学习目标,这些目标以州学前儿童学习内容指南为基础。

技能发展

儿童对内容的学习将会得到其身体、社会情感和自我调节技能,以及他们的交流、语言和读写技能发展的支持。让我们具体看一下。

身体发展。在学前阶段,儿童发展出日益复杂的动作技能以支持其他领域的发展(Battaglia et al.,2019)。除了精细和粗大动作协调方面的内容,课程还包括营养、身体健康和心理健康,以及压力和创伤管理(Bartlett & Steber, 2019)。儿童在培养健康的生活习惯的同时提高自我管理、个人照护和卫生方面的能力,在展现对他人和自己的关心的同时承担越来越大的责任。

社会情感发展。儿童需要能够识别并恰当地回应他人的提示,以及管理自己的情绪。他们需要在社交情境中协调计划,交流他们的感受并调节情绪(Campbell et al.,2016)。儿童要学习围绕冲突展开协商,解决问题并与他人合作,这些技能对于学业学习和行为调节都很重要。

自我调节技能发展。自我调节包括儿童主动控制自己的行动、情感和注意的一系列行为(Rademacher & Koglin, 2019)。儿童通过运用执行功能,对他们的行为做出主动选择。执行功能是一组技能,包括:儿童记住并使用信息,根据需要转换注意力，激活或抑制（延迟或停止）行为以满足学习和社会情境需要（Center on the Developing Child，n.d.）。当儿童协调他们的技能以记住方向、控制身体、表达需要时，执行功能的发展就与语言、认知和身体成熟的水平重合（Montroy et al.，2016）。儿童的执行功能和自我调节能力是在有爱心的成人的支持下得以发展的，这些成人为儿童示范积极的行为，并为儿童的情绪和压力管理提供支持。

交流、语言和读写技能发展。语言和读写技能在学前期发展迅速，并且需要开展专门的教学（Skibbe et al.，2016）。多语种学习者也能从丰富的以儿童家庭的语言和文化优势为基础的语言环境中受益（Kim & Plotka，2016）。基本的交流、语言和读写技能包括以下内容。

- 认识周围环境中的印刷品、图书和标签上的符号、标记与标识。
- 内化英语口语的使用规则，包括单词的形式、如何提问、演讲的组成部分以及句型的使用。
- 发展音素意识，包括识别、表达单词发音中的相似点和不同点。
- 发展语音意识，包括了解书写的字母可以用来表示发音，以及通过组合字母构成单词。
- 使用新词汇重述故事、分享想法和感受。
- 探索正在萌发的书写技能，包括将字母与发音一一对应起来，控制小肌肉动作以及创造意义（Gerde et al.，2019）。
- 培养口头语言和倾听技能，从而增强社会性游戏的能力，丰富学习经验。

儿童通过单词游戏、押韵、发音方式、识别字母发音以及混合、切分单词来学习、练习这些技能。他们研究图书，并在戏剧游戏中练习语言和读写技能（Bluiett，2018）。当成人写下儿童口述的故事和对图片的描述时，儿童便了解到书面文字作为交流方式的许多实际用途。交流、语言和读写技能为内容学习提供了牢固的基础。

内容领域

幼儿园阶段，儿童对内容的学习通过探究、有意义的对话、室内外的游戏经验和在园、在家的日常生活进行。数学概念的获得依赖儿童对数学语言的理解。儿童在计数、比较自然物、讨论自然事件的时候将数学和科学知识加以整合。儿童在一定的支持下会将科学、技术、工程、艺术和数学经验加以整合。身体健康方面的经验可以和科学、营养经验整合。探究和问题解决的过程可以融入各个学习领域，以促成有意义的联系，加深儿童的理解。尽管这些知识分领域呈现，但其可以像佩妮老师的雨林研究活动一样，通过多种途径加以整合。下面只是儿童在学前期可探索的某些内容概念。

数学概念。数学概念贯穿儿童的一日活动。当他们游戏、探究的时候，儿童开始：

- 把口头说的数字和"1"或"许多"的概念联系起来；
- 学习——对应，基数和序数；
- 按大小、颜色、形状和其他特征对物品进行排序；
- 识别规律，比较形状，用数学语言解释正方形有几条边，或者讨论一组物体是否比另一组物体多很多或多一点等；
- 增强对空间关系和方位词（如上方、下方、向上、向下和旁边）的理解；
- 用实物、图画、图表、图片和符号表征数字；
- 比较事物的数量，搜集数据，谈论他们的发现。

儿童在布置桌子或记录喂鸟器旁鸟儿的数量时，学习这些技能。他们喜欢数一数书的数量和玩卡牌游戏。他们在沙水桌边练习分类、匹配、测量和比较。他们喜欢解决简单的故事问题，在做饭、测量和数钱的时候用数学知识来达成实用的目标。

科学概念。对自然和科学的学习依赖个体对真实世界中事件、周期的观察和经验。儿童在理解模式和概念时会问有关什么、何时、哪里、为何以及怎样的问题。他们做出预测、搜集证据、探究想法、解释信息。他们以图画、图形、图表、符号的形式表征他们的想法。

在教室中，他们使用放大镜、三棱镜、磁铁、安全的试管和容器以及镊子去研究事物是怎样运转的，从而了解因果关系。他们利用简单的机械（如斜坡、滑轮和齿轮）来探究力和运动的影响。斜坡和轨道教给儿童有关角度、坡度、重量和重力的知识。他们学习每天用到的技术。他们享受自然，同时探索自己在保护植物、动物和环境方面需要承担的责任。

社会研究概念。儿童对人与人、地方与地方、事件与事件之间的相似和差异之处感到好奇。他们在多元社会身份的背景下发展自我意识。他们喜欢通过故事、游戏和艺术呈现他们的经验。他们发现事情随着时间流逝而变化。

儿童在游戏的时候开始看到他人的观点、力量和贡献。他们学习民主参与的原则，包括在教室中的角色、权利和责任。他们也开始欣赏和尊重彼此在文化、社区经验和交流方式方面的差异性和相似性。

视觉艺术、音乐、戏剧和运动。儿童在进行个人的、创意的、文化的和社会的表达时，参与到丰富多样的创造性艺术体验中。他们享受探索艺术材料和创作的过程。当儿童看到他们的作品被展示和呈现在教室中时，他们会更认同班级环境并为其感到骄傲。他们参与小组音乐活动，了解各种形式和流派的音乐、戏剧以及创造性艺术。他们唱歌、跳舞、演奏乐器，并且创编歌曲。合作性互动和自我表达的机会增强了儿童的审美能力与对创意的欣赏能力。

精细动作、逻辑和建构技能。儿童学习用身体、心智和表征技能建造复杂的

积木结构。他们创造模式和对称模型，探究平衡，设计出越来越复杂的积木结构。积木、逻辑思维和建构游戏增强了他们的创造力，问题解决、交流和合作的能力。这些技能为儿童未来在学校和职场的成功做好了准备。

典型的情况是，每次都不止涉及一个学科领域或一种技能。如果你想要儿童回答数学方面的问题，但是没有意识到他们需要与他人合作、使用工具、按步骤行事，那么你就不可能让儿童做好准备，或者为他们示范需要些什么。例如，你可能需要向儿童展示如何使用工具，并且提供足够的空间，或者提供活动中所需的步骤图或要点图。要想制订有效的活动计划，你需要识别出你要教的所有技能。

有用的提示：考虑游戏区的内容、形式和地点

除了计划材料，你还需要规划教室的环境。你有足够多的矮置物架，以便孩子们能很容易地找到和使用材料吗？你有成套的主题道具，使孩子们能重新生成有意义的场景和想象游戏吗？你要确保儿童能够轻松地找到材料并游走于家具、置物架和材料之中。做计划的时候留意空间，确保对于将要在那里发生的某类游戏有足够的场地。积木区的儿童需要足够宽敞的空间，以建构复杂的结构。娃娃家的儿童往往很活跃，四处活动。把这些区域设置在远离安静的游戏区的地方，这样噪声和活动就不会打扰到其他儿童。要保护安静的活动空间，比如阅读与开展精细动作游戏的地方。

最后，仔细观察以确保呈现多种挑战水平的材料。当儿童长时间活动而没有中断或遇到挫折时，你就可以知道你设置的游戏难度水平适当。通过监控材料、空间和挑战水平，你会看到儿童更加聚精会神并享受其中。

链接研究：造就主动学习者

儿童是好奇的、充满活力的学习者。在学前阶段，他们会逐渐发展学习品质。这些重要的学习品质包括：

- 做有目的的选择，制定具体的目标（McDermott, Rikoon, & Fantuzzo,

2014）；
- 追求挑战，面对问题坚持到底（Bustamante & Hindman，2019）；
- 积极主动，为自己的学习负责，把自己视为有能力的学习者（Boylan，Barblett，& Knaus，2018）；
- 发展批判性思维、问题解决能力以及协商技能（Chatzipanteli, Grammatikopoulos，& Gregoriadis，2014）；
- 在有意义的活动和动手操作的学习过程中做出选择与决定（Hughes et al.，2017）。

海莫维茨和德韦克（Haimovitz & Dweck，2017）提出了支持成长型思维的策略，并且帮助儿童发展诸如努力、坚持之类的学习品质。他们提出了如下建议：
- 聚焦于儿童的努力和进步；
- 把学习过程和积极的结果联系起来；
- 对无效的策略和有效的策略进行讨论；
- 讨论解决问题的方法；
- 示范使用材料的策略和方法；
- 鼓励儿童冒险并尝试越来越有挑战性的任务；
- 让儿童知道成人和同伴会支持他们学习；
- 确保对所有儿童寄予高期望。

在游戏中促进语言发展

朱莉老师坐在矮凳上。她说："让我们来看看你们能不能做我做的事。"她慢慢地拍了三次手。孩子们重复了她的动作。她又按照"咚咚咚"的模式很快地拍她的膝盖。孩子们笑着也照做了。朱莉老师把手放在臀部，紧绷着脸，皱起了眉头。孩子们笑着做出了同样的表情。

朱莉老师说："你们正在模仿我！乔尔，现在你做一个动作，我们来模仿你。"乔尔在地板上跺脚，拍头。孩子们也跟着这么做。朱莉老师说："人们说，'猴子看样学样'，意思是人们（以及猴子）模仿彼此的动作来取乐。当我们跟着领头的人玩的时候，我们也是这样的。"

斯凯说："我的妹妹在我笑的时候学我。"朱莉老师微笑着说："是的。大一点的孩子和婴儿互相模仿的时候很开心。在我们即将读到的故事里，你们会看到猴子是如何模仿那个男人把帽子戴到它们的头上的。"

朱莉老师在开始读埃斯菲·斯洛博金纳写的《卖帽子》（*Caps for Sale*，Esphyr Slobodkina）之前有个目标要完成。除了教儿童"模仿"的概念之外，她还需要他们注意并理解，书中的那个男人把帽子摞在他头上并保持平衡。她准备了一摞帽子（共8顶），并展示如何把一顶帽子放在其他帽子的上面。她随后把帽子放到戏剧游戏区，便于孩子们在读完这个故事后重现里面人物的活动。

教学小贴士：将语言支持最大化

幼儿园教师经常不用明确的、有目的的语言形式和儿童交流（Phillips，Zhao，& Weekley，2018）。而这方面的教学非常重要，因为语言能力是阅读和其他学习经验的基础。下面是一些影响力比较大的语言策略，可用于丰富教学、游戏、常规和餐点活动。

- 建立在儿童已知的基础上。儿童会再现他们的已有经验，如逛市场、去烘焙坊、乘坐地铁或者在农村观察农耕活动。
- 介绍词汇。使用词汇列表提醒你在和儿童的对话中使用特定的词汇。例如，在精细动作、逻辑思维游戏（如拼图游戏、操作活动）以及建构活动中，你可以纳入：表达数学概念的词，包括第一、第二、第三、一样、不同、较少、较多、大、更大、更小、全部、无；表示位置的词，包括上、下、旁边、后、前、里边、挨着和外边；描述性的词，包括开着的、关着的、平衡、中心、高、矮、连接；表示形状的词，包括正方形、圆形、三角形、立方体、圆柱体和管状。把这些词写在一张索引卡上，在孩子们游戏活动期间用作提示。

- 使用具体的语言。不要说"把它放在那边",而是说"把你的红色围巾挂在钩子上"。不要说"如果你想玩,你就可以玩那个",而是说"你和乔舒亚可以选择长颈鹿拼图或者狮子拼图。"要使用具体的、描述性的词,来表示人、地点、事物和活动。"青豆是烧熟才能吃的蔬菜。黄瓜和胡萝卜可以生吃,但它们也是蔬菜。你能说出烧熟才能吃的蔬菜的名称吗?"

- 引入高级词汇。使用具体的描述性单词描述物体、事件和情感。"我感觉微风习习。'微风习习'是另一个形容风的词语。""那些紫色的花是非洲紫罗兰。叶子是卷曲的。让我们给它们浇点水吧。""一群牛被叫作牛群。年幼的母牛被叫作小母牛,年幼的公牛被叫作小公牛。"

- 有来有往的交流。"我想画画。""让我们拿一张新的纸和一些干净的水吧。你想画什么?""我想画我的家人。""都有谁在家呢?""我的姐妹、奶奶和我的狗。"

- 鹰架思维。口头描述孩子们正在做的事或者你正在做的事。"我想即使我挪开那片拼图,其他部分也不会从桌子上掉下来。""我看到你在开始操作前整理了你的桌面和积木。那会让你的工作更轻松。"

- 增加信息。当一个儿童说"我看到一只弯弯曲曲的虫子"时,你可以对儿童的话加以详细描述:"你看到一只棕色的、带黄色条纹的毛毛虫。它看起来像一只卷曲的虫子,但毛毛虫的身体是软绵绵、毛茸茸的,并且长着很多条腿。你看到那些腿了吗?毛毛虫会结茧,最后会变成一只蝴蝶。"

- 问开放性问题。问有关"如何……""为什么""假如……会怎样"以及"还有什么"的问题,鼓励儿童解释、预测并思考新概念。"当外面下雨时,飞机怎么加油?""探险者在挖珠宝时需要什么工具?""你注意到了什么问题?""你们(他们)是如何做到的?""你为什么认为她感到伤心?"

- 注意并叙述儿童的行动、策略和经验。叙述儿童的行动或经验,这常常被称为"平行谈话"(parallel talk),有助于儿童注意到那些有用的语言策略。叙述儿童的感受能帮助他们注意到问题并以有效的解决方案加以回应。"德克兰拿走了你的汽车,你需要帮助。让我们拿上一篮子汽车,这样你就有汽车了。""你看起来很伤心。你愿意选一本书和我一起读吗？""我看到你感觉受挫。告诉我你需要什么。"

- 描述儿童看到的东西。"你正在观察那只小松鼠吗？你看到它的巢了吗？抬头看左边。你看见那一大簇叶子了吗？关于那些叶子，你注意到了什么？它们很茂密。它们紧紧裹住树枝，小松鼠跳进去藏了起来。"
- 鼓励儿童读书。提供带有真实的图片和照片，且与儿童感兴趣的主题相关的参考书，以促进孩子们计划游戏和对话。
- 创设丰富的文字环境。给游戏区、材料及小道具贴标签；给各种空间和存储材料的透明容器贴标签；用孩子们的母语和英语制作标签。

有用的提示：让游戏更复杂

从集体活动延伸到游戏并不需要别出心裁，但确实需要游戏完完整整。这意味着相关的服装、道具和材料的存在能吸引各种儿童参与一个复杂的游戏。当有大量的材料汇聚在一起的时候，儿童就能重现他们在教师主导的活动以及书籍阅读中学到的概念和经验。这里有两个例子。

- 如果提供了售票员的帽子，那么还可以添加车票簿、钱袋、地图和小铃铛。把纸箱排成一排，前后相连，这样孩子们就有了一辆"火车"。阅读路易斯·伦斯基的《小火车》（*The Little Train*，Lois Lenski），再加上这些小道具，你会看到精彩的故事发生。
- 如果你提供了收银机，那么你还需要提供钱和钱袋。投放可供多名儿童重复使用的购物袋。从家里搜集商品包装盒（空的），用胶带把盖子封上，把它们放到架子上便可以重现一个真实的"商店"。再放一杆秤，孩子们就可以称量物品。在展示箱上铺上桌布，在箱子顶上放置面包店里的用具和棕色袋子。投放折叠式婴儿车，这样一家人就可以一起购物了。别忘了提供购物清单以及埃米·哈钦斯写的《超市里发生了什么》（*What Happens at a Supermarket*，Amy Hutchings）。这样一来，孩子们就很容易想象他们就在市场里。

平衡点：规划游戏过程中的行为指导

行为指导的目的是要培养儿童的技能。当儿童能自己从一个环境顺利过渡到另一个环境、能应对变化和满足教师的期望时，他们在集体环境中表现最佳。当他们碰到困难的时候，重要的是你要看到教室里正在发生着什么，以及什么影响了他们的反应。

在你的每日活动计划上增加注释，以提醒你运用积极的重新定向策略（redirection strategies）。研究《积极指导儿童的101条原则——塑造回应型教师》（*101 Principles for Positive Guidance: Creating Responsive Teachers*，Kersey & Masterson，2013）一书。想想儿童的整体情况，以及他在舒解压力，获得始终如一的安全感，以及和你建立有意义的个人关系等方面的需要。确保每天的常规是一样的，这样每个儿童都能自信地知道接下来要发生什么，并且知道如何去做。

在每一次互动中，帮助儿童体验成功，这将向他们表明什么技能起作用，以及如何应对挑战。在你的活动计划上针对特定的儿童添加注释，如"让温迪从沙盘开始""对棋盘游戏给予指导"。下面是一些小技巧。

- 在儿童开始一个活动或游戏之前回顾规则和程序。"当你在娃娃家时，请注意平底锅在炉子下面，盘子在碗柜里。有新的食品在架子上存放着。""当你开始用积木建构的时候，注意其他同伴在你周围的什么地方，确保给自己留出足够的空间。"
- 认可儿童的感受并采用头脑风暴策略。"我看到你很懊恼。让我们开动脑筋，想想解决办法。""那看起来很有挑战性。我们能做些什么来解决它呢？"头脑风暴能帮助儿童在尝试新的选择时感到有信心。
- 鼓励儿童寻求帮助并为他人提供帮助。"有时候拼图是很难的。当你卡住的时候，可以找老师帮忙。""如果你想和老师一起读书，你可以举手，这样我就知道要过去了。""如果你需要什么，就问：'请问我可以拿……吗？'""想办法帮助别人。你可以问问他们：'你需要帮忙吗？'"
- 注意儿童何时使用了有效的策略。这种方法对于那些社会技能仍处在发展中的儿童特别重要。认可并强调儿童做出了很棒的选择。"你停下手不再摸他的小熊了。你能控制好你的手了！""谢谢你帮她拿书。这很暖心。"
- 带领儿童前进。谈谈什么起作用，儿童接下来可以做什么，而不是儿童已经做了什么没用的事。例如，对儿童说"让我们把恐龙放在桌子上，这样你就能不被打扰地玩了"而不是说"你挡了别人的路"或者"不要在地板上玩"。你的目标是通过给予支持来帮助儿童取得成功，使每次互动都导向积极的结果。通过你的口头示范和积极支持，儿童学习如何解决问题。

你要寻找办法改变方向、让儿童重新活动，而不是盯着儿童的错误行为不放。不要等到儿童形成习惯后再介入。当你第一次发现有些事情不对劲儿时，就需要评估你可以调整或改变什么，例如，采用不同的方法让儿童做准备，用一种新的方式安排材料，或者调整活动的时长。

为多语学习提供丰富的情境

"我看见两只黑色的松鼠，它们正在追我。"埃弗雷姆兴奋地说。"它们踩到我的脚时吓我一跳，"布雷登回答说，"我碰到过飞蛾撞击我的窗户，我当时被吓了一跳。"乔迪说："我没被吓到过。我在人行道上看到过蚂蚁。它们没抬头看。"贾斯珀老师笑了，说："你们都注意到了很多动物。让我们把它们添加到我们的名单上。"

贾斯珀老师班上有许多儿童住在高层公寓，他们不经常到外面玩。他们的学校也在城市中。尽管被人行道、高楼大厦和水泥停车场环绕，贾斯珀老师还是想培养他们对自然的热爱之情，并且注意到周围植物和动物的多样性。教室里有一个玻璃缸和一个养寄居蟹的塑料盒，窗外有两个野鸟喂食器。他鼓励孩子们帮忙照顾动物。在窗户旁边的科学区里，放着盛有发芽的种子的纸杯和许多盆栽植物。

贾斯珀老师向孩子们提出挑战，让他们制作一份清单，上面包括了他们在来学校的路上看到的所有植物和动物。孩子们带来了树叶、树枝、松果和野草。他们开始认识各种鸟，兴奋地谈论着他们注意到的动物。他们带来的东西会被放到自然物收藏品中。布雷登发现了一个鸟巢，大家都很感兴趣。关于自然的图书包括梅尔·博林（Mel Boring）写的《毛毛虫、虫子和蝴蝶》（*Caterpillars, Bugs, and Butterflies*）和《鸟、巢和蛋》（*Birds, Nests, and Eggs*）；戴安娜·伯恩斯（Diane Burns）写的《树、叶子和树皮》（*Trees, Leaves, and Bark*）；还有斯托里出版社（Storey Publishing）出版的《在自然的小路上》（*On the Nature Trail*）。贾斯珀老师帮助孩子们从书中查阅宝贵的资料。

下列策略与儿童的生活和兴趣相联系，有助于使儿童的学习变得生动，使教师的教学变得有意义，从而激发儿童的学习。

用多种方式引入概念。当你教的对象是来自不同背景或者使用不同语言的儿童时，你需要使用多种方式来引入新的事物、概念和词汇。你要使用和儿童的已有知识相联系的真实例子，从而帮助儿童建立新知。你可尝试下列引入新词汇和新概念的策略。

- 列出物品以展示某个概念或单词，在小组背景下，要求儿童对物品进行分类。
- 用儿童的母语和英语给新物品贴标签。
- 把新词汇、概念和儿童已知的词汇、概念联系起来。
- 用多种方式解释单词和概念的意义，比如，把单词的意思演出来，或者用真实的物品加以演示。
- 围绕相似的词创建一份图文综合的"锚图"（archor chart），要求儿童将新学到的词语添加到图中。
- 在游戏和后续阅读等相关活动中介绍词汇与概念。
- 阅读一些阐述相同的观点、概念和词汇的图书。
- 运用层层递进的方式让儿童反复接触概念和词汇。把小组或大组活动期间使用的物品和图书投放到游戏区以供儿童进一步探索。不断重温概念和技能，以为儿童提供进一步接触它们的机会。

区分并教授新的学术性语言。认识到非正式的、日常对话用的英语和学术性词汇之间的差异，将帮助你有意识地教授新单词。学术性语言往往是复杂的，如给出指令或向儿童解释程序或过程。例如，预测、理解和解决都需要你做出示范。学术性语言一次性给出大量的信息，它是复杂的，包含隐喻和修辞性的语言，拥有叙述结构，并且使用内容性词汇（Luna，2017）。在解释学术性语言的意义时，你要确保：

- 使用可视化的情境线索，如非言语的身体姿势和示范；
- 把新词语和儿童已知的相似词联系起来；
- 给儿童练习的机会；
- 让儿童两两结对一起练习；
- 使用多种解释方式，如用图片、视频和图画显示相关内容；
- 提出问题并观察儿童的反应，确保儿童真正理解；
- 在儿童尝试新技能的时候为其提供积极的鼓励和支持。

不断检查。不要假设儿童"理解"知识或概念，要不断检查并给儿童提供多种途径非正式地展示他们的理解，如下所示。

- 邀请儿童指出图片或在图片的提示下讨论故事的顺序和事件。
- 玩一些有助于儿童展现其知识的游戏和比赛项目。
- 鼓励小组活动、结对活动，以进行同伴强化。
- 给儿童提供通过说话、画画、演示及书写来表征、练习他们已知的知识的途径。

提供个性化支持。每个儿童都拥有不同的背景知识和理解力。下列问题将使你的支持方式更具个性化。

- 当引入新的概念、内容或词汇时，你把它们和每个儿童的生活经验、语言联系起来了吗？你是怎么知道的？儿童对新信息的反应如何？
- 这个儿童参与活动、与同伴交往顺利吗？有什么额外的支持可以促使他更舒服地参与活动？
- 这个儿童是如何理解并加工信息的？你有没有其他可利用的线索、道具、例子或语言范例来为他创设一个有助于加深理解的情境呢？
- 你确定这个儿童理解了你对他的指导和期望吗？你是怎么知道的？要确保

每个儿童对指令和任务都感到有信心,你还有什么其他能做的事情吗?
- 你可以鼓励与支持这个儿童的哪些特殊兴趣和能力?什么样的角色或任务会强化这个儿童的归属感及他与班级的联系?
- 这个儿童与不同群体的儿童互动,并参与各种活动的频率有多高?你可以做些什么来加强他的同伴关系,并让他愿意参与新的和多样的活动呢?

运用个别化支持

阿伦老师在自由游戏时间为卡西迪和特莎读完了埃兹拉·杰克·济慈所写的《下雪天》(*The Snowy Day*, Ezra Jack Keats)。他问:"你们认为,为什么皮特想保存他的雪球?"卡西迪说:"他不想让雪融化。"特莎说:"他想把雪球放在口袋里。"阿伦老师又问:"皮特的口袋为什么湿了?"卡西迪看起来很伤心,说:"它化了。""的确如此,"阿伦老师说,"冻硬的雪球变成了水。皮特感到伤心,因为他的口袋不仅空了,还变得潮乎乎的。"

阿伦老师又问:"你们准备好去玩雪了吗?你们愿意去堆雪人吗?"卡西迪说:"我打算堆一个雪人女孩。"特莎说:"我要做一个雪天使。"阿伦老师帮特莎戴上手套。"我也要戴手套!"卡西迪说。阿伦老师一边帮助卡西迪一边问:"当你用温暖的手做完雪团后,会发生什么?"卡西迪回答:"雪会融化。"特莎说:"手套会湿透。"阿伦老师说:"让我们看看会发生什么。"

阿伦老师引入了有关冬天的书,以挑战儿童对融化和冰冻概念的思考,此外,她还准备了装雪的小桶、勺子和杯子。特莎不喜欢触摸沙水,于是阿伦老师给她准备了一双紫色、无粉且不含乳胶的小手套。特莎不会感到被区别对待,因为教师也帮卡西迪戴了手套。

穿过房间,孩子们给一个用盒子做的雪人围上了一条围巾。当假装要出去玩的时候,孩子们戴上了针织手套和帽子。这个以冬天为主题的戏剧游戏反映了他们真实的生活经验。

第一章中解释了，差异化教学允许所有儿童借助适合他们学习需要的起点、学习任务和结果达到学习目标。阿伦老师既和孩子们单独谈话，也和他们进行集体谈话，按不同的节奏开展教学，用多种方式解释信息。他为儿童提供一系列不同难度的材料供儿童选择。他让儿童展示并以不同的方式告诉教师他们所了解到的一切。

阿伦老师给特莎戴手套便是一种个别化教学策略。个别化教学关乎支持特定儿童获得成功所需的策略、目标、方法、材料和调整措施（Horn & Banerjee，2009）。个别化教学既是实用性的，也是个人化的。个别化教学体现在你的空间和环境、材料选择和安排，以及所提供支持的水平和类型当中。这是一种回应个别儿童需要的主动策略（Israel，Ribuffo，& Smith，2014）。

在学前阶段，所有儿童都能从个别化教学中受益。全美幼教协会关于发展适宜性实践的《立场声明》提到，这种方式是"通用学习设计"（universal design for learning）的一部分，以便所有儿童都能得到他们所需的支持以取得成功。在这个意义上，个别化教学不限于儿童的个别化教育计划中所确立的目标。

在你的活动计划中，你可以将个别化教学作为其中一部分，列出特定儿童的名字，以及专为他们设计的策略（参见第四章）。你可以留出空白，记录起作用的策略以及需要做出调整或更新的策略。

在琳达·克兰·米切尔（Linda Crane Mitchell，2004）所写的一份经典材料中，作者表达了如下观点：当儿童置身于真实的游戏活动中时，其技能更容易得到发展。她提供了一个首字母缩写为"MOST"的指南，为教师改变游戏材料、目标、空间和时间提供了指导。

- 材料（Materials）：调整材料使用的方便程度（例如，把纸贴在桌子上，提供更大的画笔），添加特殊材料，提供多样的触觉或视觉刺激，提供示范和口头支持。
- 目标（Objectives）：选择学习目标或个别化教育计划目标，并在游戏过程中支持这些目标的达成。
- 空间（Space）：要准备适应性的设备（例如轮椅），并确保能扩大或调整空间，使每一个儿童都能对其予以最佳利用。
- 时间（Time）：给予儿童额外的时间或灵活的时间以完成活动，根据儿童掌控活动的能力调整活动数量。

要开展有效的个别化教学，你需要要求家长解释在家里哪些做法是有效的。你可以把这些想法融入你的教学中。和家长共同分析以确保你能理解儿童的发展情况，并根据需要调整你的做法。

教学小贴士：支持有特殊需要的儿童

在根据残疾儿童的情况做出调整时，你需要首先对每个儿童的独立性和技能发展情况拥有扎实的理解，并且识别出儿童需要得到支持的特殊方面。接下来，你要评估活动。儿童需要运用什么技能才能在操作材料、使用空间、理解目标和与他人互动中取得成功？这些技能包括：

- 听觉需要。儿童需要听到并加工什么？
- 交流需要。儿童需要理解、记录和表达什么？他们要用语言去计划、组织活动以及提问吗？他们需要辅助性的技术以充分地接触材料和参与活动吗？
- 视觉需要。儿童需要从视觉上看见、区分或组织什么？
- 精细动作活动。儿童需要触摸和操作什么材料？
- 粗大动作活动。儿童的身体需要做什么运动？儿童有站起来、走来走去、接触物理空间和材料的自由吗？
- 运动觉和触觉敏感度。儿童对某些材质和材料敏感吗？他们对触摸或操作材料感到害怕或受到限制吗？
- 刺激。有充分的刺激使儿童能面对适当水平的挑战吗？有来自光线、噪声或因和其他儿童距离太近而带来的干扰吗？儿童是否既能接触到活跃的空间和经验，也能接触到安静的空间和经验？
- 执行功能（如注意、记忆、规划、自我主导）。对于即将到来的任务或活动，儿童做好充分的准备了吗？儿童需要哪些具体的执行功能才能取得成功？
- 社会能力（如情感管理、情感表达、情感识别）。儿童在准备、监控和执行任务方面需要哪些支持？在分享材料、解决问题、应对挫折和感觉自信方面又需要哪些社会支持？
- 学习需要。有没有丰富的情境帮助儿童理解信息？例如，教师使用了故事、视觉辅助手段、图片、视频、角色扮演和动手操作类材料吗？新的概念和儿童的文化、语言、家庭、个人生活联系起来了吗？包含多个步骤的程序是否得到了演示和支持？

成功的全纳教育涉及与儿童和家长的交流、合作，涉及所有与儿童互动的教职工的反思性参与。当你们在一起谈话的时候，你会想要回顾课堂上影响儿童做出回应的所有方面——环境、材料、支持和活动。你会继续调整空间、材料、工具和支持方式，从而为每个儿童的成功创设最有利的环境。

活动计划案例
——连接跨越内容领域的学习

当你制订游戏活动的计划时，请考虑下列问题。
- 早期学习标准：你要教何种发展性技能和学术概念？
- 学习目标：儿童在活动过程中将要学习和练习什么？
- 概念和大概念：儿童正在发现什么高层次的概念或大概念？
- 词汇：你想让儿童理解并使用什么词汇？
- 和儿童生活背景的联系：活动和儿童的经历、家庭、社区、语言、文化背景存在什么明确的联系？
- 反思：对于这个游戏活动，你注意到了什么？活动中哪些部分效果很好，为什么？哪些部分效果不好，为什么？

当你开始制订以儿童为中心的活动计划时，一个重要的目标是对儿童的经验进行分层，以使他们拥有多元的机会去探索概念和想法，同时能够通过多种途径强化理解。表 3.1 中的活动计划将帮助你整合不同游戏区的学习内容。

活动计划案例

表 3.1　将不同游戏区的内容整合起来的活动计划

主题：家庭

大概念和概念	问题和提示
▲ 儿童发展身份感和对家庭的归属感。 ▲ 家庭文化包括语言、场所、食物、人、活动、音乐、诗歌和对话。 ▲ 共有的文化使得每一个家庭都与众不同。 ▲ 家庭既是相似的，又是不相同的。 ▲ 家人会一起去拜访其他家庭、朋友和参观某个地方。 ▲ 家人之间彼此关心，互相帮助。 ▲ 照片、绘画和音乐就像书面故事一样讲述着个人故事，反映儿童及其家人的文化背景和审美。	▲ 你怎样帮助你的家人？你的家人又怎样帮助你？ ▲ 家人之间有哪些相似点？又有哪些不同点？ ▲ 你参观了哪些地方？你最喜欢的地方是哪里？ ▲ 有什么特别的事（活动、歌曲、书）是你和你的家人都特别喜欢的？ ▲ 你和家人一起做过什么饭？ ▲ 你如何知道过去或现在是否有事发生？ ▲ 你在家里和学校表现出什么样的行为举止？你如何表示尊重？

内容词汇： 家庭成员的名字；冒险，庆祝/传统，目的地，食材，旅程/旅行，市场/商店，真实的/假装的，亲戚/关系，尊重，公平，独特的/不同的，工作/职业

学术词汇： 比较、决定、排序、分类

游戏和学习区的活动与材料

阅读/图书区	书写区	数学区
标准 RI.PK.10　以个人、小组和大组的形式，使用适宜自己年龄的图书，积极参与大声朗读活动。	**标准** W.PK.2　在游戏和其他活动的过程中，组合使用绘画、口述、涂鸦、字母串或自创的拼写等方式分享信息。	**标准** 4.1　儿童开始表现出对数字和计数的理解。 4.3　儿童开始理解有关物体的可测量特征以及如何测量它们。

续表

家庭图书	材料	材料
▲《阿布埃拉》(Abuela, Arthur Dorros) ▲《城市的形状》(City Shapes, Diana Murray) ▲《梦想舞蹈家》(Dream Dancer, Jill Newsome) ▲《奶奶的礼物和奶奶的唱片》(Grandma's Gift and Grandma's Records, Eric Velasquez) ▲《我爱星期六的多明戈》(I Love Saturdays y domingos, Alma Flor Ada) ▲《我的家》(In My Family/En mi familia, Carmen Lomas Garza) ▲《卡米克——一只因纽特小狗》(Kamik, an Inuit Puppy, Matilda Sulurayok) ▲《市场街的最后一站》(Last Stop on Market Street, Matt de la Peña) ▲《玛莉·麦克唐纳不适合》(Marisol McDonald Doesn't Match, Monica Brown) ▲《我的名字是尹》(My Name is Yoon, Helen Recorvits) ▲《你来自哪里》(Where Are You From, Yamile Saied Méndez) ▲《无论你是谁》(Whoever You Are, Mem Fox)	▲ 便签卡、钢笔、铅笔、图章和邮箱（带缝的箱子）等工具，用以为家人书写或口述感谢信 ▲ 班级笔记本，供每个孩子在页面上画画、书写或口述一个家庭故事。比如，"我的家人去了……" ▲ 儿童和家人的名字图章及印台	▲ 人物和配饰图片，供儿童按特征（较短和较长，更多和更少）对其进行分类 ▲ 纸和铅笔或者木板和马克笔，供儿童绘图以表示兄弟姐妹、宠物的数量 ▲ 快乐家庭棋盘游戏（计数方格，纸板）：和你的家人在去公园的路上经过的地点（例如，动物园、学校、消防站、商店） ▲ 直尺和皮尺，用来量身体（测量身高，以及脚和胳膊的长度）

续表

精细动作区	科学和自然区	音乐和律动区
标准	标准	标准
9.1.2 通过选择探索各种各样的活动和经验，表现出好奇心和主动性，愿意去迎接新挑战（如选择越来越难的拼图）。	5.1.5 通过绘画、记录数据和"书写"（如在观察记录板上画和"写"，进行拓印，绘制植物的生长图）表征观察到的内容和工作。	1.1.5 参与或观察各种各样伴有来自不同文化和流派的音乐或小道具的舞蹈和运动。 9.2.3 使用多种交流方式创造性地表达思想、观念和感受（如唱一首歌并表演有关蝴蝶生命循环的故事）。
材料	材料	材料
▲ 记忆游戏材料（塑封好的孩子的照片） ▲ 家庭钓鱼游戏卡片 ▲ 用家人的照片做的拼图 ▲ 生命中的一天（分类卡，表示日常家庭活动） ▲ 从过去到现在（对从婴儿时期到现在的照片进行分类或排序） ◆ 各种教具，用于建构家乡	▲ 从后院搜集的树叶、树皮和树枝以及放大镜 ▲ 纸、铅笔和蜡笔，用来画、拓印所搜集的自然物，以比较大小、形状和其他特征 ▲ 从家里带来的金属制品，用于玩磁铁游戏	听觉材料 ▲《你好，邻居》(Hello, Neighbor, Dr. Jean) ▲《手指家族之歌》(Finger Family Song, Brain Boogie Boosters, The Learning Station) ▲《凯蒂很重要》(Katie Is Important, Dr. Jean) ▲《我们多多在一起》(The More We Get Together, Traditional) ▲《我们是一家人》(We Are a Family, Jack Hartmann) 律动材料 ▲ 舞蹈服、围巾以及结实的儿童全身镜 ▲ 代表儿童家庭文化的音乐 乐器 ▲ 典型乐器汇总，如手鼓、铃鼓、沙球、节奏棒、康茄鼓和非洲手鼓（或伯容器自制的鼓），促进儿童演唱有关家人的儿歌或说唱歌曲

续表

戏剧游戏区	积木区	艺术区
标准 9.2.1 在通过对新的想法保持开放性以完成任务方面表现出灵活性（即不抓住一种完成任务的方法不放，而是愿意去实验，冒险尝试新想法、新方法）。	**标准** 9.1.3 尽管有中断或干扰，仍能专注于任务和体验（例如，即使有同伴在旁边玩游戏，也能够认真画画）。	**标准** 通过视觉艺术（如彩绘、雕塑、素描）来表达自己，并学习欣赏视觉艺术。
材料和道具箱 ▲ 我们去拜访他人：手提箱、背包、衣服 ▲ 家庭烹饪/布置桌子：厨房用具（如搅拌器、马铃薯搅碎机、筛子、擀面杖、钳子、苹果去芯机）、食谱书籍、围裙、厨师帽、搅拌钵、锅、茶具 ▲ 帮助我们的家人：扫帚、抹布、洗衣间、给植物浇水、收拾衣服、购物 ▲ 家养宠物：填充玩具动物，以及照看宠物的用品 ▲ 家人如何睡觉：毯子、枕头、洋娃娃、尿布、奶瓶、声音播放器 ▲ 练习在家里时的行为举止或介绍家庭成员	**材料** ▲ 用以建构家或街道的人物玩偶和小房子的零件 ▲ 书：《城市的形状》 ▲ 用从孩子家里带来的箱子（如装米、谷物、纸巾、糖的箱子）做的空心积木 ▲ 孩子们所画的家、公寓、建筑或生活空间的草图	**材料** ▲ 用杂志上有关家庭的图片做拼贴画 ▲ 用画架、颜料和画笔创作房间壁画，用作班级家庭树的背景 ▲ 手掌和手指拓印艺术 ▲ 用硬纸管、织物、橡皮筋和马克笔或颜料制作的有关"自己"的木偶 ▲ 对照镜子画自己的脸。 ▲ 给自己的身体轮廓涂色、进行装饰

指向大概念和概念的样书列表

当你开始制订活动计划时,你会发现图书能带来启发。你不妨从一份书单和戏剧游戏材料开始。当你识别出大概念和概念时,你就会看到如何通过搜集材料以及选择材料和活动来适应所在州或课程的早期学习指南。

动物

- 《"A"代表动物》(*A Is for Animals*,Tom Lemler)
- 《卡尔(系列)》[*Carl*(series),Alexandra Day]
- 《森林生物和林地动物》(*Forest Life and Woodland Creatures*,DK)
- 《我的宠物想要一个宠物》(*My Pet Wants a Pet*,Elise Broach & Eric Barclay)
- 《国家地理:给儿童的第一套大书(系列)》[*National Geographic Little Kids First Big Books*(series),Catherine Hughes]
- 《拜托,小狗,拜托》(*Please, Puppy, Please*,Spike Lee & Tonya Lewis Lee)
- 《严禁大象入内》(*Strictly No Elephants*,Lisa Mantchev)
- 凯里·迈斯特(Cari Meister)写的各种有关动物的书
- 简·布雷特(Jan Brett)写的各种有关动物的书
- 《动物在哪里生活(系列)》[*Where Animals Live*(series),John Wood]

健康和营养

- 《面包,面包,面包》(*Bread, Bread, Bread*,Ann Morris)
- 《吃掉字母表》(*Eating the Alphabet*,Lois Ehlert)
- 《美食大游行:有营养的食物,吃得健康》(*Food Parade: Healthy Eating with*

the Nutritious Food Groups，Elicia Castaldi）
- 《从种子到植物》(*From Seed to Plant*，Gail Gibbons）
- 《吃得够好：儿童食物与营养指南》(*Good Enough to Eat: A Kid's Guide to Food and Nutrition*，Lizzy Rockwell）
- 《我的食物，你的食物》(*My Food，Your Food*，Lisa Bullard）
- 《橙子变橙汁》(*Oranges to Orange Juice*，Inez Snyder）
- 《好东西》(*Something Good*，Robert Munsch）
- 《我们吃的蔬菜》(*The Vegetables We Eat*，Gail Gibbons）
- 《花园里有什么》(*What's in the Garden*，Marianne Berkes）

家务和烹调

- 《本地靓汤》(*Community Soup*，Alma Fullerton）
- 《科拉做菲律宾炒面》(*Cora Cooks Pancit*，Dorina K. Lazo Gilmore）
- 《10人盛宴》(*Feast for 10*，Cathryn Falwell）
- 《绿色的是辣椒——色彩之书》(*Green Is a Chile Pepper: A Book of Colors*，Roseanne Greenfield Thong）
- 《煎饼时间》(*It's Pancake Time*，A.D. Largic）
- 《潘娅妈妈的煎饼：来自肯尼亚的乡村故事》(*Mama Panya's Pancakes: A Village Tale from Kenya*，Mary Chamberlin & Rich Chamberlin）
- 《圆形的是玉米饼——形状之书》(*Round Is a Tortilla: A Book of Shapes*，Roseanne Greenfield Thong）
- 《石头汤》(*Stone Soup*，Jon J. Muth）
- 《谢谢您，阿嬷》(*Thank You，Omu*，Oge Mora）
- 《我应该做什么》(*What Should I Make*，Nandini Nayer）

循环利用和自然

- 《塑料瓶大冒险——一个关于回收利用的故事》(*The Adventures of a Plastic Bottle: A Story About Recycling*，Alison Inches）
- 《铝罐大冒险——一个关于回收利用的故事》(*The Adventures of an*

- *Aluminum Can: A Story About Recycling*,Alison Inches）
- 《贝贝熊变绿了》(*The Berenstain Bears Go Green*,Jan Berenstain & Mike Berenstain）
- 《堆肥炖——地球的 A 到 Z 配方》(*Compost Stew: An A to Z Recipe for the Earth*,Mary McKenna Siddals）
- 《好奇的乔治——垃圾变宝藏》(*Curious George: Trash into Treasure*,H.A. Rey）
- 《下水道——节约用水》(*Down the Drain: Conserving Water*,Anita Ganeri）
- 《我能拯救地球——小怪物学会减少浪费以及回收和重复使用资源》(*I Can Save the Earth: One Little Monster Learns to Reduce*,*Reuse*,*and Recycle*,Alison Inches）
- 《资源回收利用儿童指导手册》(*Recycle! A Handbook for Kids*,Gail Gibbons）
- 《每天回收》(*Recycle Every Day*,Nancy Elizabeth Wallace）
- 《种树》(*We Planted a Tree*,Diane Muldrow）

社会情感学习

- 《如何对待水獭：一本关于礼貌的书》(*Do Unto Otters: A Book About Manners*,Laurie Keller）
- 《寻找善良》(*Finding Kindness*,Deborah Underwood）
- 《很爱，很爱，很爱》(*Full*,*Full*,*Full of Love*,Trish Cooke）
- 《你今天装满桶了吗？孩子们的日常快乐指南》(*Have You Filled a Bucket Today? A Guide to Daily Happiness for Kids*,Carol McCloud）
- 《嘿，贾丝明，我们去公园吧》(*Hey Jasmine! Let's Go to the Park*,Amber Nichole & Mike Motz）
- 《爸爸，这样不行：儿童学习自己做》(*It's Not Working*,*Daddy: Kids Learn to Do It for Themselves*,A.D. Largie）
- 《在学校，善良从你开始》(*Kindness Starts with You*,*At School*,Jacquelyn Stagg）
- 《帝企鹅的蛋》(*The Emperor's Egg*,Martin Jenkins & Jane Chapman）
- 《我的感觉》(*The Way I Feel*,Janan Cain）

- 《我觉得自己今天很傻——让我一整天很无聊的情绪》(Today I Feel Silly: And Other Moods That Make My Day, Jamie Lee Curtis)

天气

- 《云》(Clouds, Anne Rockwell)
- 《一只手套》(The Mitten, Jan Brett)
- 《国家地理：给儿童的第一套气象书》(National Geographic Little Kids First Big Book of Weather, Karne de Seve)
- 《你可以说说今天的天气吗——关于天气》(Oh Say Can You Say What's the Weather Today? All About Weather, Tish Rabe)
- 《带来四季变化的阳光》(Sunshine Makes the Seasons, Franklyn M. Branley)
- 《下雪天》(The Snowy Day, Ezra Jack Keats)
- 《雨伞》(The Umbrella, Jan Brett)
- 《有关天气的词语及其含义》(Weather Words and What They Mean, Gail Gibbons)
- 《接下来天气如何》(What Will the Weather Be, Lynda DeWitt)
- 《哇！天气》(Wow! Weather, Paul Deanno)

链接全美幼教协会《早期学习项目认证标准和评价细则》

为打造高质量课堂，你需要支持儿童进行积极的社会互动，并提供丰富的学习经验。全美幼教协会《早期学习项目认证标准和评价细则》支持本章所述的活动计划方法。主题1.D呈现了界限清晰、抵制偏见、促进亲社会行为的课堂环境。主题4.D涉及课程调整、个别化教学和推动计划发展。

它还列出了儿童的发展和学习目标以及实践策略，包括：

1.F——促进自我调节能力

2.A——基本特征

2.B——社会与情感能力发展

2. C——身体发展

2. D——语言发展

2. E——早期读写

2. F——早期数学

2. G——科学

2. H——技术

2. J——创意表达和艺术欣赏

2. K——健康和安全

2. L——社会研究

标准 3——教学为每日的计划制订和互动提供了指南,包括:

3. A——设计丰富的学习环境

3. B——创建充满关爱的学习共同体

3. C——监督儿童

3. D——利用时间、分组和常规来达成学习目标

3. E——回应儿童的兴趣和需要

3. F——使学习对所有儿童有意义

3. G——利用指导加深儿童的理解,并建构他们的技能和知识

反思性问题

1. 在你的教室里哪个游戏区运转良好,并且能支持儿童学习?什么吸引着儿童参与?为什么?

2. 在回顾完本章内容(包括活动计划案例以及样书列表)后,你注意到在你现在的活动计划中,你想改变或改进哪些地方?

3. 你想如何改进你的材料、空间和互动,以便儿童更有效地参与语言、读写、社会情感和内容领域的学习?

4. 当你计划新的游戏活动时,你可以采取哪些步骤调整或改进材料、目标、空间和时间,以更好地促进有特殊需要儿童的参与,并且支持他们的学习?

第四章 计划教师主导的活动

介绍新信息

西利娅老师把一桶冷水放在她面前。她倒了一碗冰块,并且把一块唱片形状的冰放进水里,让它漂浮在那里。然后,她把一只塑料企鹅放在这座"冰岛"上面。"你们认为企鹅在水里游泳的时候如何保持温暖?"她邀请孩子们用手指蘸水。"哦!好冷。"他们咯咯笑着。"它的羽毛会让它保持温暖。"易维说。"它在水下可以闭上眼睛。"伊桑小声说。"可能它的身体会让它保持温暖。"倪拉妮说。"是的。羽毛、身体的脂肪以及闭上双眼都有助于让企鹅保持温暖!"西利娅老师说。

"当你洗澡的时候,你的洗澡水是凉的吗?"西利娅老师问孩子们。孩子们笑了。"不!那样我们会冻僵的。"阿米夸张地说。"我喜欢我的洗澡水是热乎乎的。"扎卡里说。"我喜欢我的洗澡水里有泡泡。"席叶娜说。"好的,"西利娅老师继续说,"为什么你们不能在冷水里保持温暖,而企鹅能呢?""噢,这很简单,"扎维恩说,"我没有羽毛,我只有头上的头发。"西利娅老师回应道:"没错。人有光滑的皮肤,但皮肤表面没有保护它的东西,而企鹅的皮肤上有柔软的羽毛。这些羽毛非常短,毛茸茸的,而且防水。水无法进来。即使是冰落在上面也会滑下来。羽毛让企鹅的身体保持温暖和干燥。"

西利娅老师把一片小小的白色羽毛放在每个儿童的手中,说:"你能感觉到它有多么柔软吗?你们看到那些小突起了吗?这些被称为鳞片,空气会掠过羽毛表面,水会从上面滚落——它就像一件雨衣。"当孩子们的手指上下摩挲羽毛的时候,他们非常安静。西利娅老师又说:"要保持温暖,你需要穿一件冬衣或雨衣,但是企鹅不用,它已经有羽毛了。你的雨衣为你提供保护,像一个屏障,可以发挥防水的作用。屏障意味着寒冷的水无法触及企鹅的皮肤。"

当西利娅老师计划她的小组活动时，她决定出示冰水和塑料企鹅帮助孩子们想象动物如何保持温暖。她将冰水作为一种手段，使企鹅的生活对孩子们而言真实可感。在她的活动计划中，她称这部分为预期设定（anticipatory set）。有些课程也把这部分称为导入或激发动机部分。

这种主动的、动手操作的活动调动了儿童的感官，帮助他们将自己在温暖的洗澡水里的舒适感和企鹅在冰水里的感觉进行比较。取自美术材料的白色羽毛帮助孩子们理解企鹅的身体覆盖物。

预期设定或导入的目的是呈现新观念和新概念。尽管你可能会要求孩子们回忆之前的课或问他们已经知道的知识，但主要的目标是帮助儿童理解新概念和新词汇。在导入期间，西利娅老师使用了"鳞片保护""屏障"等词语。她在游戏区巡回指导并在和孩子们谈话的时候强化了这些概念。

教学小贴士：联系儿童的日常生活

当你引入新信息的时候，要确定它对每个儿童而言都是有意义的。并非所有儿童都有一样的背景知识，因此重要的是，要有可用的材料来引入新概念或新主题。可考虑如下问题：

- 你能够用什么活动及附带的材料来展示（而不是谈论）一个概念？
- 有什么书籍、海报或照片可以说明这一概念的细节？
- 儿童理解哪些与这一概念相关的类似经验？
- 如何在儿童已有经验的基础上促进儿童对新信息的理解？
- 你能怎样帮助儿童以一种更加复杂的方式理解这个主题？例如，有哪些因素起促进作用？有没有什么其他的东西能帮助儿童学到更多？
- 这个活动会如何帮助儿童理解彼此？所有人或动物的感受相同吗？有没有其他视角？
- 你可以如何鼓励儿童分享他们的想法和经验？
- 这个活动如何增强儿童对这一主题的重视和理解？
- 儿童如何以一种对他们而言有意义的方式表征他们的学习？他们可以画出这个概念，在游戏的过程中重现一个情境或重述一个故事吗？

让儿童运用高水平的思维

西利娅老师举起希瑟·穆尔·妮弗写的《关于企鹅的20个有趣事实》(20 Fun Facts About Penguins, Heather Moore Niver)一书,说:"昨天,我们认识了企鹅身体的各个部分。你们都记得些什么?"孩子们回答:"身体、脸、眼睛、嘴、喙和羽毛。"

西利娅老师提示道:"你们记得企鹅身体的侧面是什么吗?"孩子们大叫起来:"鳍状肢!""是的,"西利娅老师微笑着说,"企鹅在冰上蹒跚而行时利用鳍状肢保持平稳。"孩子们大声笑着说:"蹒跚而行!"她继续说道:"当它们用肚皮滑行进入水中时,它们也利用鳍状肢保持平稳。当一群企鹅一起在陆地上时,我们说它们在蹒跚而行。但当它们都在水里时,我们说它们在浮游。你们认为,它们为什么被说成是在蹒跚而行和浮游?"贾斯珀说:"它们在陆地上蹒跚而行。"阿布杜勒说:"它们像筏子一样漂浮。"

"那是什么?"贾斯珀指着书上的某张图片问。西利娅老师说:"那是一只帝企鹅。一只帝企鹅就像一个国王。""它看起来像是一个国王,"贾维恩说。"那一个是什么?"西利娅老师又指着另一只企鹅说:"这是一只有羽冠的企鹅,它的头上长着特殊的羽毛。你们能看见它的羽毛帽子吗?那是一只长冠企鹅。"孩子们回应道:"长冠企鹅!""这是一只跳岩企鹅!"孩子们回应道:"跳岩企鹅!"

西利娅老师说:"企鹅的种类有很多,它们有各种体型——就像我们一样。它们一个挨一个地蹒跚而行取暖。它们用泥巴和植物建造巢穴。"当西利娅老师讲完这本书时,她说:"让我们做个图表记录企鹅的活动吧。"

西利娅老师在一大张纸上画了一个圆圈作为图形组织者,并把它固定到互动式写字板上。她把一张企鹅的照片粘在圆圈里面。在圆圈外边,她写下孩子们告诉她的内容——企鹅会做什么,比如:它们在冷水里游泳,在冰上滑行,吃鱿鱼、磷虾和鱼,喂养孩子,筑巢,在群落中生活,住在南极。她的目标是超越死记硬背的答案,帮助儿童以一种更复杂的方式思考动物的生活。

西利娅老师把这张纸固定在写字板上。她告诉孩子们,他们会在区域游戏中发现有关企鹅的更多信息。在阅读区的篮子里,她放入了《关于企鹅的20个有趣事实》以及鲍勃·巴纳的《企鹅无处不在》(*Penguins,Penguins,Everywhere*,Bob Barner)、切丽·文娜的《企鹅》(*Penguins*,Cherie Winner)和安·温道夫的《企鹅》(*Penguins*,Ann Wendorf)。她给了孩子们一个企鹅填充玩具,这是由一户家庭捐赠的,孩子们可以在阅读的时候抱着它。

有关这本书的阅读和对话,以及对儿童的问题和想法的回应都经过了教师的精心计划。西利娅老师查看了几本书后才选择了这一本。她制作了一个词语清单,上面包括"鱿鱼""磷虾""群落""喙""鳍状肢""蹒跚而行"和"浮游"。她把每种动物的图片打印出来,在读书的时候展示给孩子们。她在卡片上写下问题,用它来引领对话。她检查了阅读区里与主题有关的图书,并且为了让儿童进行更多的学习而准备了游戏区。

因为读书激发了孩子们对企鹅的好奇心,他们的参与度很高。他们渴望响应图形组织者里的活动。当西利娅老师问"哪位小朋友还想读书"时,所有儿童的手都举了起来。他们渴望更近距离地看那些有着有趣名字的企鹅的图片。西利娅老师乐于看到孩子们在谈论动物时兴奋的样子。

你的教学应聚焦于培养儿童的批判性思维技能,而不是死记硬背的技能(Wellberg,2019)。这其中包括发现相似和不同,按特征对物体进行分类(分类活动),定义和解释概念,以及提出有意义的问题以进一步学习。问题应能促进儿童的推理能力发展,例如:"你是怎么知道的?""你是怎么分辨出来的?""为什么你认为会发生这种情况?"孩子们可以将批判性思维和提问的过程应用于其他的学习情境。

教学小贴士:选择方法和活动

在教师主导的学习中,尽管教师居于主导地位,但活动是以儿童为中心的,儿童有许多选择。什么样的安排在引入新观念或新技能方面效果最好?你在制订计划的时候不妨考虑下列问题:

- 你将如何引入这一观念?你将要说些什么,做些什么?

- 你将会问什么样的问题？你期望儿童如何回答？
- 你将要说些什么来调动儿童的经验？
- 假设你读了一本书，里面哪些内容是重要的？
- 你打算示范某种技能吗？你要如何把这种技能教给儿童？
- 你将如何根据儿童的不同技能（包括语言技能）水平进行差异化教学？
- 你将利用哪些真实的事物、演示和对话，让儿童参与其中？
- 你将如何使用教师引导的学习方法和儿童自主的学习方法？
- 你会把对已学内容的回顾纳入其中吗？
- 儿童需要哪些额外的资源把新词汇和新想法整合到对话和游戏中？

遵循计划

在戏剧游戏的过程中，西利娅老师向楚楚展示了如何扣紧背包，而背包里塞了些旅行的衣物。她说："我是海关的检查员，你必须给我看你的护照。"楚楚打开他的护照本，西利娅老师给他盖了个章。他说："把它盖在南极洲那页吧。"

西利娅老师评论道："我不知道什么衣服会让你保持暖和。"楚楚回答说："我打包了我的毛衣和饼干。我不想挨饿。"西利娅老师说："你最好也带些秋衣秋裤，因为你没有企鹅那样的羽毛。"

西利娅老师继续问道："你带你的科学日记本了吗？你需要用它来研究各种动物。"楚楚听从了西利娅老师的建议，将日记本塞进去。西利娅老师提供了一篮子针织物，楚楚选了红色的手套和蓝色的帽子。

西利娅老师在读书之后与孩子们进行了互动。她对儿童在戏剧游戏区的模仿游戏感兴趣。然后，她去看了冰水桶，帮助孩子们戴上手套并让他们预估哪种手套最暖和。在教室的另一头，卡拉老师通过写下孩子们的口述故事、帮助他们拼写单词来为他们提供协助。两位教师都很高兴地看到孩子们的热情和参与。

下列要素将会帮助你了解西利娅老师为企鹅主题活动及其向每个游戏区的延

伸制订的计划。她使用了美国伊利诺伊州学前儿童语言艺术标准（ISBE，2020）。这一活动计划包括下列要素。

（1）**标准列表**。3.B.ECa：识别图片和信息的相似和不同之处。2.B.ECa：提问、回答有关图书阅读的问题。5.B.ECa：组合运用绘画、口述或书写方式表达关于某一主题的想法。12.A.ECa：观察、研究、描述生物并给生物分类。

（2）**学习目标（大概念、概念学习）**。儿童将会理解：企鹅的特性和生活环境，以群体形式共同生活（聚居）的概念，对生活环境的保护和适应，以及企鹅的活动。

（3）**内容和学术词汇**。内容词汇：隔热、猎物、捕食者、保护、蹒跚而行、滑行。学术词汇：比较、图表、预测。

（4）**导入/预期设定**。冰水桶活动和儿童关于用温水洗澡的现有知识相反。羽毛的引入和儿童对于夹克、上衣可以为身体提供保护的认识联系起来。

（5）**教学活动**。首先，展示企鹅的照片，并给其身体各部位贴上标签。其次，阅读《关于企鹅的20个有趣事实》，要求儿童描述：①企鹅身体的各个部分；②儿童看到的企鹅的身体和他们的身体的不同点；③企鹅如何使用它们的身体；④企鹅的活动。最后，使用图形组织者让儿童记录企鹅的活动。

（6）**将学习到的概念延伸至游戏区**。整合性学习包括把教师主导的活动"扩展"到儿童主导的游戏活动及回应中。当儿童反复多次接触新信息时，他们会挖掘得更深，学习得更多。他们有时间发展高水平的理解，探索更复杂的概念。在制订更具延展性的活动计划时，注意儿童是如何和材料互动的，识别哪些材料在引发他们的兴趣方面效果最佳。游戏区将会成为促进儿童的学习和探索的有影响力的重要空间。举例如下。

- 在戏剧游戏区，儿童计划了一次去南极洲的旅行。他们打包食物和衣物，假装乘坐一艘船去南极洲。他们带上用硬纸管做的双筒望远镜、护照、印章和地图。
- 在阅读区，儿童阅读一系列有关北极地区动物和南极洲动物的书籍。他们喜欢在阅读时抱着两只小布企鹅。
- 在数学区，儿童玩数字匹配游戏和棋类游戏，把企鹅的拼图从一座冰山移到另一座冰山。这些游戏都是由教师设计的。

- 在科学区里有大量羽毛、皮毛样品,还有鱼的模型。儿童谈论为什么动物需要不同种类的皮肤覆盖物。他们观看鱼鳞、皮毛和羽毛,并把它们画在科学日记本上。教师用以提示儿童的问题是"动物们都穿些什么"。孩子们用放大镜阅读詹妮弗·沃德写的《羽毛和头发——动物们都穿什么》(*Feathers and Hair: What Animals Wear*,Jennifer Ward)。来自史密森尼国家动物园和生物保护研究所的照片被塑封后叠放在篮子里。
- 在技术区,孩子们密切注视着圣地亚哥动物园的企鹅相机。
- 在书写区,儿童口述关于企鹅家庭的故事。他们通过头脑风暴想出以"penguin"(企鹅)中的字母开头的单词。此外,教师还准备了明信片,以便孩子们在他们的南极探险旅途中将其寄给他们的家人。
- 在艺术区,儿童可以撕纸巾来做企鹅群的拼贴画并表现企鹅玩耍的样子。桌子上提供了动物照片以激发儿童创作的灵感。
- 在玩水区添加冰块。儿童比较羽绒手套、塑料手套和双层袋子的保暖效果,看看用哪一种材料使手最暖和。
- 在积木游戏中,儿童接受挑战去建造洞穴和企鹅的巢。他们还添加了塑料企鹅和扁平的鹅卵石以作为小装饰品。在这里,儿童可以看温德尔·迈纳和弗洛伦斯·迈纳的《如果你是一只企鹅》(*If You Were a Penguin*,Wendell Minor & Florence Minor)以及玛丽亚·德·洛雷娜的《企鹅》(*Penguins*,Maria De Lorena)中的插图。
- 在精细动作区,把企鹅照片固定在硬纸板上,然后将其切成小片制作成企鹅拼图。给企鹅的各个部分贴上标签。对三片式拼图(即分成头、躯干和脚)进行组合和匹配,这对孩子们来说非常有趣。

这些游戏区的设计建立在为期两周的教师主导的活动基础上。教师要对材料做增添和改变,以便孩子们能通过阅读图书、拼拼图、操作艺术材料、体验游戏道具及其他活动理解新的想法与概念。随着主题的转换,新的材料和活动不断地被引进、退出。

(7)观察和记录儿童的学习。在自由游戏活动中,教师要不断地和儿童谈论他们的游戏。教师可以使用检核表记录每个儿童对新词语的使用情况、识别企鹅身体部位的能力以及对企鹅的身体覆盖物如何帮助它们保持温暖的理解。除了检核表，教师也可以记录儿童说了什么、喜欢什么。

什么是记录和评价儿童进步的最好方式？儿童要画画或搭建某些东西吗？写下他们的口述内容会激发他们讲故事的动机吗？照片或视频是捕捉他们的工作和游戏的最佳方式吗？应该把何种内容放在他们的学习档案袋里？研读第六章，你将找到这些问题的答案。第五章中提供了以真实的方式记录儿童学习的其他途径。

一份实用的活动计划描述了教师要说些什么，怎样和儿童的生活建立联系以及怎样通过提问引导对话。它可以帮助教师识别所需的词汇和技能，规划能够吸引儿童探索特定内容的活动和材料。筹划这些细节会带来更高水平的儿童参与，吸引儿童更长时间地沉浸于游戏中。

田野笔记：储备并重新利用材料

我想出一个很好的可以让事情变得更容易的系统。一旦一个主题单元被实施完，我就把材料存放在贴了标签的塑料盒里。因为空间有限，所以我经常拍照片、写笔记，记下哪些办法的效果好，并将这些资料和我的活动计划副本一起存放起来。我把它们存放在透明的塑料信封式文件夹里。索引卡笔记和其他一些固定的辅助材料可以储存并重复利用。我把它们按主题划分，按字母顺序存档，这样以后用的时候可以很容易地找到。每年我都会在我的资料集里增加新的内容。

教学小贴士：融入书写的快乐

你是否已经注意到了，儿童在用书面形式记录和分享想法时表现出的快乐样子？儿童在制作清单、书写故事以及分享他们的想法时，发现了运用书面表达的实用方式。在一个充斥新闻采访和各种数字写作的世界里，书面表达对于大学生和每个人的职业生涯而言仍是一项重要的技能。下面是用于展现写作的实用目的和激发儿童参与写作的一些点子。

- 要求儿童在"我们想知道什么"清单上添加想法，对书写进行示范并帮助儿童在清单上添加内容。
- 记录儿童口述的内容，这样儿童能够看到你正在把他们说的话写下来。把他们说的话再读给他们听，这对他们而言是非常令人兴奋的事情。
- 邀请儿童以绘画的形式写明信片或信件并和家人分享。
- 给游戏区添加书写工具和纸张，包括：把图画纸和铅笔、文件夹投放到积木区，用于设计建构物；在娃娃家添加购物清单、日历、医生用的便笺簿、警察开的罚单、菜单和收据本；在科学区添加科学日记本，便于孩子们用绘画或书写的形式表达自己的想法。
- 通过添加各种颜色、质地和尺寸的纸张，设计一个有吸引力的书写区。投放各种尺寸、形状的书写工具，包括钢笔、铅笔（如木质的、彩色的）、马克笔和蜡笔。添加信封、"邮票"和"邮箱"。投放厚一点的纸和较粗的马克笔以用于制作标识。
- 在书写区放入胶带、订书机以及其他有趣的夹子，当儿童创作图书、设计袋子或创作其他书写作品的时候可以用它们把纸粘在一起。
- 在布置书写区时，把材料存放在篮子及各种容器里，方便儿童看到和拿取。
- 把字母表和儿童"喜爱的单词"放在书写桌上面或旁边。
- 要求儿童使用10厘米×15厘米的卡片做一面带图画的单词墙。
- 向儿童示范写诗和写好笑的故事。用一个句子做提示，要求儿童加上他们的想法和词句。用一张大的要点图向儿童示范书写活动。当他们能加上一些词句的时候，将其纳入写作过程。
- 在给儿童的画、艺术作品和其他作品贴标签的时候，邀请儿童积极参与。
- 邀请社区工作者和家长给你的班级写一封信。例如，邀请警察局局长、消防员、医生、音乐家或图书管理员写信，内容包括他们工作中的趣事或细节。信可以简洁明了，收到信件对儿童来说是一件非常令人兴奋的事情。
- 儿童喜欢把他们的书写和绘画作品夹到晾衣绳上。你可以在书写桌上面或附近专门的区域里增加一根"信件绳"。

- 用儿童的母语给教室里的各个区域和材料写标签。不是自己去做，而是在整个过程中邀请儿童和家长参与。参与和示范非常重要，目的是让儿童注意并理解有字的标签。

你应把重点放在书写技能的实际运用上，引导儿童享受用词语表达自我的快乐。你可以鼓励儿童写一首关于科学或数学的诗，要求他们把便笺放到一个盒子里，用以描述他们热爱和喜欢的事物——最喜欢的东西。你可以通过要求儿童画出他们正在思考  的内容来支持他们的想法。你可以记录儿童口述的内容，或者支持儿童进行早期书写。每天早晨选择几张便笺来读。将这些想法融入你的活动计划，孩子们将非常兴奋地看到他们取得的成就。

田野笔记：始终展示儿童当下的作品

当我的班级游戏区和某一学习主题一致时，始终展示儿童当下的作品就会更容易。当儿童看到他们的故事、照片和艺术作品被悬挂在他们能看到的地方时，他们会很自豪地谈论它们。我让他们把自己的画作夹在艺术作品展示绳上。我还提供了一个胶带分割器，这样他们就能把他们的画作和其他作品贴在墙上。教室里的架子上有一个"艺术博物馆"，孩子们为三维作品（如陶泥作品）写标签。在每周结束的时候，我会把这些作品送到孩子们的家里。然后，我们重新开始！尽管有些展品停留的时间较长，但我会尽量让墙上的作品循环起来，以和儿童当时正在进行的学习主题相匹配。

> **链接研究：为学习创设一个丰富的接触带**

研究表明，即使不同的教师用同样的课程，儿童的经验也会有巨大的差异（Jenkings et al.，2019）。儿童"在课堂经验方面，在不同年份、不同环境中存在令人惊讶的变化"（Pianta，Downer，& Hamre，2016，p.130）。儿童需要持续地学习前学业技能，进行语言丰富的互动，获得社会情感支持以及贯穿于一日活动（包括游戏、进餐和其他常规活动）中的个别化的学习机会（Pianta et al.，2018）。

学前阶段的一个重要目标是为儿童上学前班和小学做好学业和社会方面的准备（Dotterer et al.，2013）。儿童只有充分地接触有挑战性的高质量内容才能学有所获（Beecher et al.，2017；Darrow，2013；McGuire et al.，2016）。即使在课程和学前标准一致的情况下，儿童的学习也依赖教学实践的有效性（Graue et al.，2018）。

儿童通过教师的专门示范和教学策略学习数学、科学和读写技能（Gropen et al.，2017；Jenkins et al.，2018）。活动计划既聚焦于"教什么"，也聚焦于"怎么教"，并且要确保有效利用你的独特环境和材料。但是，你也需要知道"为什么而教"。

教学为何重要？因为高质量的教学和社会情感支持，特别是随着时间推移持续进行时，可以促进儿童的语言、读写和数学技能更好地发展（Carr et al.，2019）。那么，什么是高质量的课堂？高质量的课堂为儿童每天与同伴和成人进行有意义的学习创设了一个丰富的接触带。

指导有特殊需要的儿童

贾森老师给孩子们读安·汤伯特的《唐爷爷的故事》（*Grandfather Tang's Story*，Ann Tompert）。他停止阅读，把七巧板摆成狐狸的造型，然后又摆成兔子的样子。当他讲到狗在追松鼠时，孩子们的眼睛睁大了。他读道："吴玲把自己变成了一只……""松鼠！"孩子们一起大声喊道。贾森老师继续读故事："当老鹰俯冲的时候，它收紧它的嘴、尾巴和腿，变成了一只绿色的……""乌龟！"

孩子们喊出了那个没有被老师说出的词（Tompert，1997，p.10）。

贾森老师给孩子们读《唐爷爷的故事》，启发他们寻找并描述形状。和故事相呼应，他示范了如何用七巧板拼动物（如狐狸、兔子、狗、松鼠、老鹰和乌龟）。当他把一片片七巧板放在一起时，他要求孩子们解释每种形状的特点。在教师讲完故事后，孩子们还将用七巧板创造新的动物形象，并用他们选择的形状模具画动物。

贾森老师知道，查理在读书期间需要有一个无遮挡的视野。贾森老师在衬衫上佩戴了一个麦克风，因为查理戴了助听设备。诺莉亚选择将一只填充玩具动物拿在手里来帮助她集中注意力。维多利亚使用单独的图书副本，这样她就能看见插图。这些调整确保孩子们都能成功地参与活动。

贾森老师知道乔治和马迪需要在拼图活动期间坐在桌子的两端，这样可以让他们的挫败感最小化，让他们的注意力更集中。他知道格雷迪和娜拉必须能够操作图形材料，因此他投放了更大块的七巧板。他还在七巧板片上粘了小环以使其更好拿取。孩子们很喜欢橡胶垫，因为它们拼的图形在上面不会滑动。这些实用的调整使得儿童在活动过程中的挫败感最小化。

贾森老师从儿童的视听需要角度评估了活动计划。他考虑了儿童将会怎样听、说以及回答问题。他允许他们采用诸如竖大拇指的方式来做出回应，也给予他们转身与同伴谈话、分享答案和想法的机会。学校遵守相关规定以确保门廊、浴室和入口通道处无障碍。贾森老师确保孩子们可以四处走动，方便地使用室内和户外空间。

在计划活动的时候，贾森老师确保孩子们在练习他所介绍的技能时有多种选择。他监控灯光和噪声水平，留意孩子们和其他人靠得很近的情况。他想确保孩子们能充分参与，并对他们的学习感到有信心。

满足孩子们的需要意味着找到可行且实用的途径，确保他们成功参与学习活动。全美幼教协会和其他组织为那些与残疾儿童一起工作的教师提供了许多资源。

- 在全美幼教协会创办的杂志《幼儿教学》（*Teaching Young Children*）上，由帕梅拉·布里兰特（Pamela Brillante）撰写的论文《每个儿童都有归属——欢迎残疾儿童》(*Every Child Belongs: Welcoming a Child with a Disability*)提供了相关定义和支持。

- 全美幼教协会的特殊教育主题网页上提供了许多文章和资源，可以帮助你有效地创设全纳课堂，以满足学习者多样的需要。
- 特殊儿童协会（Council for Exceptional Children，CEC）提供了专业的教学原则和标准，有关特殊教育的术语和定义，以及特殊教育和天才教育方面最新的消息。
- 特殊儿童协会早期儿童分会（Division for Early Childhood，DEC）致力于推动有关支持家长和教师的政策与实践，以使发育迟缓和残疾儿童或者处于发育迟缓和残疾风险中的幼儿得到最佳发展。
- 早期儿童技术援助（Early Childhood Technical Assistance，ECTA）中心不仅提供了有关适当使用辅助技术的信息，还提供了相关资源以确保残疾儿童成功融入早期学习环境。
- 改善儿童保育推广联盟（Extension Alliance for Better Child Care）为早期教育环境中的儿童适应学前课堂提供了调整建议，并为拥有各种不同能力、学习和社会情感需要、视觉和听觉需要以及身体需要的儿童提供了精细的支持。

个别化教学：写下个性化的支持措施

在活动计划中，个别化教学说明的是教师如何支持特定儿童的学习，或如何调整材料以加强特定儿童在活动中的学习和在活动中所要用到的技能。例如，某位教师可能需要针对剪刀的使用（动作技能）给一名儿童提供支持，或者为一名儿童与同伴互动（社会情感技能）提供支架。

创建一个图表，把技能列在左边，把希望儿童达到的目标列在右边，这很有帮助。当儿童掌握了一项活动时，哪些技能可以轻而易举地获得？哪些技能正在形成？哪些技能仍然具有挑战性，或者落在了其他发展领域后面？当注意到儿童日常遇到的挑战和获得的成功时，你可以把这些问题的答案写在笔记本上。目标所表述的是你希望儿童随着能力的提升能够做些什么。例如，"乔纳将学会挂他的外套。"

尽管目标可以来自个别化教育计划文件，但是你仍需要对所提供的支持进行个性化调整，以帮助儿童达成目标。目标对于能力强的儿童同样重要——发现新的挑战领域，或者解决能力水平不稳定的问题。学前儿童在集体环境中需要大量支持。你可以每周为四分之一的儿童提供调整措施，从而保证每个月所有儿童得到更新的个性化支持。然而，每个活动计划中涉及的儿童总数取决于每个儿童的具体需要。

重要的是，目标应该建立在每个儿童的独特优势基础上，以确保儿童健康和积极地发展。表 4.1 中，教师针对特定儿童制定了个别化目标。

个别化目标样例

表 4.1 如何为儿童制定个别化目标

儿童和目标	美国加州教育部制定的标准	个性化支持
卡梅隆 目标：随着独立性的增强，能在游戏活动中与同伴合作游戏。	2.0/2.1：更加积极地、有目的地和同伴合作。	引入非竞争性的棋类游戏（例如，为松鼠的巢搜集坚果）。使用单独的旋转器和站立桌。在成人的辅助下，儿童开始游戏。逐渐减少对儿童的社会支持。
卢卡斯 目标：独立抄写姓名。	1.3：几近正确地书写名字。	提供各种各样使用字母图章进行的游戏化书写练习活动。示范并提供支持。 周一，蘸泡沫书写。 周二，在沙子上书写。 周三，使用大铅笔描摹字母。 周四，用马克笔和白板练习书写。 周五，用方格纸和铅笔练习书写。
萨布利亚 目标：日益独立地阅读和探索绘本。	5.1：表现出对读写和与读写有关的活动的喜爱。	回应萨布利亚的兴趣，搜集一批有关马的绘本并放在便携式篮子里。进行小组和一对一的阅读。提供在家阅读的图书。

续表

儿童和目标	美国加州教育部制定的标准	个性化支持
埃莉诺 目标：参与小组阅读活动并在期间保持投入状态。	3.1：积极参与，并作为小组成员参与合作。	提供可以抱的小宠物，让她坐在诺尼老师身边。在同伴轮流和谈话活动中，使用塑封后的图卡作为答题选项。
塞勒斯 目标：在与同伴的互动中使用词语来寻求帮助。	2.1：能更持续地管理自己的注意力、思想、感受和冲动行为，以成人的引导为辅。	使用情绪图表。强化请求类短语，如"不，谢谢""我需要帮助""请问，我可以……"以及"我想要……"。密切观察和监督，以便在儿童的社交情景中及时提供支持。

用好学习目标

卡门老师读完了卡洛琳·比纳的《暗夜雪人》（*Snowmen at Night*，Caralyn Buehner）。她问："如果你是一个黑夜中的雪人，你会做些什么？"齐克说："我会喝热巧克力，坐在热乎乎的浴缸里！"罗蕾娜说："我会在冰上表演花样滑冰，还有打雪仗。""我要顺着山狂奔而下。"查理说。"喔，那太吓人了。"罗蕾娜说。卡门老师表示同意："你说得对，罗蕾娜。这些活动都让人感到很刺激。让人感到刺激的事就是你最喜欢做的让你感到兴奋的活动。但是如果有大人陪着你，那么它就不会太吓人。"

卡门老师举起儿童享受冬季运动的大照片，说："让我们看一些令人感到刺激的活动。这个孩子正在做什么？"安德森回答："他正在打冰球。""对的。冰球运动就是孩子们试图用一根棍子把冰球打进网里。这个孩子在做什么？"安德森说："滑雪。"卡门老师详细地解释道："是的，滑雪是一种使用滑雪杖和系在靴子上的滑雪板下山的活动。当你滑雪的时候，你要用滑雪杖来保持平衡。这个孩子呢？"罗蕾娜回答："他正在拉雪橇。"卡门老师说："是的，你看见他正紧紧地抓住绳子了吗？看起来他正在拉他的小妹妹。这是什么？"孩子们不太确定。卡门老师告诉他们："这是一种滑雪板。它看起来像滑板。你在滑行的时候必须努力保持平衡。"卡门老师一边指着照片，一边说："冰球、拉雪橇和滑雪都是冬季体育运动。当天气寒冷、外面下雪的时候，我们能够享受这些运动。"

卡门老师希望孩子们能够重述故事并比较活动。这些孩子生活在温暖的气候中，对雪和冬季运动所知不多。有些孩子从来没有看见过或感受过雪。除了提供书和故事之外，卡门老师还创造了一种记忆游戏，让儿童对有关冬季体育运动的图片进行匹配。

卡门老师有着清晰的学习目标。她想让孩子们理解天气增加了人们的工作量，以及天气可以创造很多的游戏机会。她设计了一个分类活动，在活动中，孩子们必须判断天气是增加了人们的工作量，还是创造了游戏机会。汽车陷入泥泞、沙子进到房子里、风把院子里的家具吹翻或者雨打湿了衣服，这些都会带来更多的工作量。而在下雪或阳光明媚的日子里，孩子们就有许多方式玩耍。

在这些活动中，孩子们将了解到许多基本的事实：天气变化多端，不同的季节有不一样的天气模式，天气影响人们的着装和活动。他们在进行复杂思考的同时学习这些有关天气的事实性知识，他们能做的远远不只是识别晴天、刮风天、下雪天和下雨天，以及根据天气变化穿合适的衣服。卡门老师想让孩子们成为深度思考者，思考为什么气象学家们如此重要，以及人们可以如何应对天气变化并从中受益。

当你回顾你所在州的早期学习指南时，选择直接教学、微课和共享学习作为引入新主题和新信息的策略。你可以识别你想教授和支持的一个或多个学习目标。以下是五种学习目标。

（1）内容目标：儿童需要探索哪些事实、概念、关系或事件？对于这一主题或概念，你想让儿童理解和交流哪些知识？儿童在表达他们的想法时需要哪些词汇？这一知识如何和其他概念关联？儿童参与这项活动需要知道或理解哪些具体的语言、阅读、书写、数学、科学、社会研究或社会文化事实知识？儿童需要倾听、言说、讨论、书写或呈现自己的想法吗？他们需要通过阅读来寻找信息吗？

（2）技能目标：你想让儿童完成的程序或问题解决步骤有哪些？会涉及诸如

操作或创造之类的身体技能吗？孩子们需要运用策略、组织工作或听从指导吗？他们需要使用工具或设备吗？他们能达成教师的期望和执行程序吗？

（3）**语言目标**：要学习的语言会涉及与日常语言不同的词汇和意义。孩子们理解完成一个活动所需的程序性语言吗？学术性语言（如识别、标记、描述、讨论、应用、预测、比较、创造、选择、估计和评价）是布鲁姆分类学（Bloom's taxonomy）的一部分。孩子们可能不理解诸如演示、解释和评论之类的词语。你示范过这些词语，以便儿童知道自己该做什么吗？

（4）**行为目标**：考虑儿童进出一项活动、自我监控、人际交往以及解决问题所需的技能。儿童是否还需要具备执行功能的其他方面，如转移注意力、集中注意力和思维的灵活性？儿童需要和他人适当地互动吗？

（5）**高水平思维目标**：你想让儿童使用什么样的批判性思维技能？你想让他们理解哪些更复杂的想法？你要怎样以对儿童有意义的方式演示和解释这些想法？你想让他们解释、预测、评价或比较吗？

有用的提示：先行一步

当你集中注意力准备和实施活动计划时，微小的调整可以产生很大的影响。下面是一些确保一切按照你的意愿进行的重要提示。

仔细检查每个活动所需的材料。你需要什么材料或道具来阅读、示范或演示？你要使用什么资源（网页、图书、学习材料、游戏）来达成你的目标？你将需要什么技术？把你要应用于活动的任何参考资料或资源都列出来，如此一来，它们还能被再次利用。

当你彻底完成你的活动计划时，更新你的材料列表。你可能忘了把剪刀、胶带或纸张放进去。一份完整的材料清单会让你免于在最后一分钟仓促行动或让孩子们等待。带着一份完整的清单，你将能够更加容易地搜集、安排并导入活动。

计划说明。与其在活动开始的时候向孩子们做活动说明，不如在活动开始前就说明活动的要点，并为他们提供一份步骤列表或活动过程中所需步骤的顺序图。使用图卡，上面有同意和不同意或者谁说话谁倾听的标记。

带领儿童回顾并排练活动过程所需的步骤。排练包括把所有步骤实际走一遍或让儿童向你解释你期望他们做的事。

保持儿童参与的积极性。确保没有一个儿童在教师主导的活动中只是坐在那里。所有儿童都要能在白板上回答问题。给孩子们提供文件夹或个人白板，以便所有儿童表征他们的想法、规划活动或者用单词、标记、绘画或图片来回答问题。

务实安排时间。"单单一个"活动计划通常就需要一周才能完成！你可以计划一个需要一系列教师主导（儿童响应）的活动来完成的学习目标。注意不要让一个活动超载。

瞄准微课。不要开展需要复杂步骤的活动，孩子们上课的时间要短。比起一下子呈现包含很多信息的教学内容，上内容量较小的微课常常要有效得多。在学前阶段，儿童会开始逐渐长时间地参与活动，特别是当他们享受一起读书以及热烈对话的乐趣时。

事先排练阅读活动或需要示范的活动。你可能会发现阅读活动实际需要的时间比你计划的时间更长，或者你需要问重要的问题以促进儿童的参与。你可能会发现某个活动并不像网站描述的那样有效，或者需要更多的时间或材料来开展。按照各个步骤事先排练一遍将使你对活动更有把握。

备课资源：将内容领域中的词汇学习最大化

儿童喜欢表达自己，喜欢玩声音和节奏游戏。他们也喜欢手指游戏，以及表现歌曲和儿歌节奏的手部活动。他们以学会新单词为傲。每一个日常生活中非正式和正式的互动都为教师提供了强调单词的意义和丰富儿童对词汇理解的机会。图书是新单词和新概念的完美来源。户外游戏、过渡环节和进餐期间的对话为教师提供了介绍词汇的丰富教学时机。下面给出了一些在儿童学习相关的内容领域时使语言变得有意义的实用方法。

- **预授词汇**。在读一本书之前而不是在读书的过程中介绍词汇。事先教授词汇，为一本书及其中的概念和人物做了一个完美的导入。你可以通过把单词和儿童已知的词汇、想法相联系来描述单词的意义。预授词汇也创造了一个迷人的时刻，即儿童在稍后读书时会很高兴地在故事中认出新学习的单词。在阅读过程中，你可以指着插图解释单词的意思。同时，鼓励儿童在回答问题时使用新单词。

- 纳入具有文化相关性的词汇。在你的计划中呈现反映民族、语言和经济多样性的书籍与材料。此外，将能反映儿童所熟悉的家人和邻居的日常事件、情境和环境纳入其中。配图使用单词，并用儿童的母语给单词贴标签，如书、3月、购物、购物袋、家人。要求儿童读出单词的发音，他们会骄傲地分享他们的知识和特长。对双语学习者而言，互动性的单词墙是一种有助于他们阅读和写作的工具（Fountas & Pinell，2010）（见图4.1）。这种单词墙包括字母表里的字母和一个位于教室主要区域且用整面墙来展示单词的空间。首先，儿童可以帮助你把他们的名字按字母表的顺序添加到单词墙上。然后，你可以让儿童参与添加你已经选择的单词，以及来自儿童的兴趣和需要的单词。

图4.1　互动性的单词墙

（Reprinted from Alanís，I.，Arreguín M.，& Salinas González，I. 2021. *The Essentials: Supporting Dual Language Learners in Diverse Environments in Preschool and Kindergarten.* Washington，DC：NAEYC.）

- 使用图片导图（picture maps）和图形组织者。图片导图可以用于组织儿童的想法，帮助他们看到事物之间的关联。他们还能够增添事实和想法，然后把它们分组纳入相似的类别。例如，柯利牧羊犬、卷毛狗和小猎犬是不同种类的狗。狗、猫、鱼和沙鼠是我们养的宠物。这类学习始于具体事例，但会产生大的概念。另一方面，如果你问"我们要怎样帮助我们的家人"，那么学习又可以从一个有关帮助的大概念开始，儿童随后生成具体事例，例如，帮助家人收拾衣服，给小弟弟拿尿布。

- 鼓励儿童分小组讲述故事。请儿童创编并重述故事（Flynn，2016）。为了鼓励儿童讲述故事，你可以要求儿童解释他们的艺术作品。你也可以邀请他们讲述有关家庭生活的故事，或者为你们一起读过的故事创编另外的结尾。你还可以组织儿童通过头脑风暴创编虚构的故事，故事里面的人物可以做不可能的事。在一张大的图表纸上写小组故事，儿童在其中描述"接下来会发生什么"的句子。讲故事是一种了解儿童以及分享书写和交流乐趣的极好方式。

- 从死记硬背到开放交流。当你提问的时候，要考虑你希望得到的不仅仅是一个正确的答案。你最好以一种可以引发许多想法和答案的方式提问。例如，不要问"帽子放在哪儿"，而是问"人们为什么需要让他们的头部保持温暖"。儿童的回答可能包括："这样我们的耳朵就不会冻僵。""这样我们就不会感冒。"你也可以问："我们要如何遮盖、保护我们的头部？"孩子们可能有很多想法："我们可以用围巾包住我们的头。""我们可以戴帽子。""我的上衣有帽兜可以翻上来。"通过这种方式，孩子们可以了解很多想法，向他们的同伴学习，也从你那里学习。当你提开放式问题时，儿童拥有无数机会相互学习，对主题、概念和相关的词汇进行更深入的思考。

- 追随儿童的兴趣。儿童对他们周围的世界很好奇。他们不断地问世界上的有些事为什么会发生。他们渴望去看、听、品尝、触摸、嗅他们遇到的事物。当你帮助儿童研究他们的环境，以发现某些事情为何以及如何发生时，你可以通过使用图书和对话来引入新的词汇、想法以及有助于他们进行批判性思考的问题。

活动计划案例
——教师主导的学习

当你考虑如何给儿童逐渐增加挑战和机会以使他们进行更深入的学习时，不要试图一次尝试所有事情。从你目前的活动计划开始，并在此基础上推进。一个要遵循的理念是，认识到所有的活动都能够得到改进，以及孩子们能够发现有意义的、吸引人的学习方法。第一步包括如下内容。

- 从选择一系列聚焦于主题概念的图书开始，把这些书放到一个篮子或书架上，并展示其中带彩色封面的几本。
- 选择内容标准并写出你想教的大概念，同时添加关键词汇。
- 设计一个简单的导入活动，让儿童以视觉的、动手操作的与富有创意的方式对主题产生好奇。通过提问把新的想法和内容与他们现有的经验联系起来。
- 把在共同阅读期间要提的问题写下来。在书页中插入卡片，或者把卡片放在手边以备使用。
- 演示新的概念、技能或者真实的（动手操作的）学习活动，要求儿童在桌面活动或在区域活动中对其进行再现。
- 把词汇和概念整合进游戏区。写提示卡以作为提示物，以便在游戏活动中介绍或回顾某些想法、问题和探究。
- 和你的合作教师举行头脑风暴会议，回顾你们班的材料。对下述活动而言，可以考虑每天以一种蔬菜或水果为主。它聚焦于农业活动以及食物是怎样来到餐桌的。活动目标是引发和促进儿童对新想法和概念进行越来越复杂的思考，以引领儿童的学习向前发展。

尽管表4.2中的活动可以在有容器或地面花园的户外进行，但城市里的幼儿园也可以利用室内的容器和沙拉花园来开展此活动。活动的焦点是把儿童和他们的食物来源联系起来，引导儿童发现食物生产过程的不同寻常之处，培养儿童对健康的食物来源的终身兴趣。

活动计划案例

表 4.2　一项园艺主题活动，向儿童展示健康食品的来源

活动的题目/主题： 创建一座花园
日期： 4 月 15 日
材料

▲书、道具、材料、游戏：盖尔·吉本斯的著作《从种子到植物》(*From Seed to Plant*，Gail Gibbons)，准备好的托盘，植物排序卡，葫芦和豆荚，黄瓜、苹果和青椒，刀和切菜板，装饰窗台的锡箔纸。

▲准备托盘，给每个儿童盛装下列材料，每种装一个：
  ⊙盆栽土若干袋（每袋一杯）
  ⊙莴苣种子
  ⊙塑料叉
  ⊙切割好的、透明的塑料瓶（罐）底
  ⊙科学日记本和铅笔

还可以提供几个小的、装满水的、带有洒水口的洒水壶。

▲网络资源，技术：可以播放延时拍摄的豆类发芽视频和菠菜发芽视频的智能白板。

▲实用工具：放大镜、纸巾、喷水壶。

书单

《我们吃东西之前——从农场到餐桌》(*Before We Eat: From Farm to Table*，Pat Brisson)

《吃掉字母表》(*Eating the Alphabet*，Lois Ehlert)

《种植》(*Farming*，Gail Gibbons)

《从种子到南瓜》(*From Seed to Pumpkin*，Wendy Pfeffer)

《越来越多的蔬菜汤》(*Growing Vegetable Soup*，Lois Ehlert)

《种彩虹》(*Planting a Rainbow*，Lois Ehlert)

《就在此刻：一本关于食物和种植的书》(*Right This Very Minute: A Table-To-Farm Book About Food and Farming*，Lisl H. Detlefsen)

续表

《小种子》(*The Tiny Seed*, Eric Carle)

《我们吃的蔬菜》(*The Vegetables We Eat*, Gail Gibbons)

标准（来自美国伊利诺伊州教育委员会）

1. 标准列表　3.B.ECa：识别图片和信息的基本相似点与不同点。2.B.3c：围绕大声阅读的图书提出并回答问题。5.8ECa：使用绘画、口述记录或书写形式表达有关主题的想法。10.A.ECa：提出能通过搜集信息得到答案的有意义的问题。10.B.ECb：就接下来将要发生什么做出预测。11.A.ECc：计划并实施简单的调查。12.A.ECa：对生物进行观察、调查、描述并分类。

2. 学习目标（大概念、概念学习）

▲人们照料花园和果园以得到花与水果。

▲植物及其他生物依赖土壤、阳光和水生长。

▲园艺涉及种植、松土、挖掘和浇水，其他的生物也在花园里生长。花园容留并需要各种昆虫（例如，蠕虫可以使土地保持松软，蝴蝶啜饮花露，蜜蜂给花和蔬菜授粉，小虫吃树叶，蜘蛛吃小虫）。

▲事物随时间流逝而改变（例如，季节、气候、植物生长、照料花园的周期）。

3. 内容和学术词汇

内容词汇：植物学家、仙人掌、洞穴、养分、多年生植物、根、种子、土壤、发芽、茂盛。学术词汇：比较、实验、观察、记录。

4. 导入／先行投放的材料

▲一篮子葫芦和豆荚，用来摇晃和倾听。提问：你认为是什么在发出声音？种子是怎么进去的？（当葫芦和豆荚变干的时候，种子在里面就会变得松散。所有的水果里面都有种子。）

▲准备苹果、黄瓜和青椒来切，以发现里面的种子。提问：哪些是种子？种子在哪里？（种子被种在地里，进而生长。种子在一些长在地里的植物内部生长。人们保存种子并播种。一个水果里有许多种子。）

5. 教学活动

阅读盖尔·吉本斯的书《从种子到植物》。

问题：

▲我们教室的植物角里长了些什么？（花、欧芹）

▲我们的院子里长了些什么？（树、灌木、花）

▲你家里种了哪些种类的植物？（食材、花、灌木）

▲这幅图片上发生了什么？（植物在生长）

▲你认为这个包里藏了些什么？（种子、泥土、植物）

续表

▲把水浇到种子上，它会立刻生长吗？从种子到发芽需要多长时间？（从几天到几周）

▲在书中，那位女士种的豆子发芽了。我们打算种莴苣。我们的莴苣种子要发芽需要些什么条件？（容器、土壤、阳光）

演示：示范如何把土倒进瓶罐里，用叉子耙土，用叉子把儿朝土里戳洞，撒播种子，用喷水壶浇水。要求儿童描述并画出种子的栽培过程。随着时间推移，他们会画出植物持续的生长过程。

注意：请配班教师分发材料，在种植种子时协助儿童。把种子罐放在铺了铝箔的窗台上以保护窗台。

6. 把习得的概念延伸到游戏区活动和以儿童为中心的活动中

▲**阅读和语言**：阅读《吃掉字母表》，将音素意识和语音聚焦于起始单词的发音。将A到K的大写字母和小写字母成对塑封，和精细动作区的水果、蔬菜照片相匹配。把书的副本放在倾听图书馆。

▲**戏剧游戏**：农场摊位主题材料：小的蔬菜容器和篮子，黑板或白板（用于写价格），园艺手套，喷水壶/水桶，带夹子的写字板和钢笔[用于画（规划）花园]，收银机和钱，购物车或盒子（鞋盒大小），围裙和遮阳帽。准备玩土桌、园艺手套、罐子、植物容器、耙子、泥铲、塑料种子和蠕虫。

▲**数学和精细动作**：①用图表示学校屋顶或院子里树、灌木的数量，用图表示最喜欢的水果和蔬菜。②数一数种子袋里的种子（真的或教师做的）。③教师制作的棋盘游戏：花园里有多少只蠕虫？滚动计数用的立方体或骰子把两个数相加，然后帮助蠕虫穿过花园。④匹配数字卡（数字和点子数代表蔬菜的数量）。

▲**科学/自然**：提供描绘种子、发芽、有根的小植物和成熟的植物的分类卡（树、花、蔬菜）供儿童排序。农场和植物拼图。用放大镜查看各种各样的种子（如豆类）。

▲**社会技能/自我调节**：负责教室里的工作（给植物浇水）。为玩具和所有物负责任。在一个项目中按步骤行事。

▲**沙水游戏**：洒水壶、园艺工具、昆虫。

▲**视觉艺术**：画花和蔬菜。

▲**音乐和律动**：用《山谷中的农民》(*The Farmer in the Dell*)的曲调唱下列诗句：①园丁播种；②太阳光芒万丈；③雨水开始下落；④花儿开始绽放；⑤植物开始生长。

续表

7. 观察并记录儿童的学习

姓名：	日期：
学习目标 儿童会遵循简单的指示播种。儿童能够解释在他们播种的时候会发生什么。儿童会解释种子生长需要些什么。	**观察笔记** 用图卡排列植物生长的顺序。 表达有关种植的想法。
问题 1. 种子在哪里生长？（例如，在土地里，在豆荚里，在水果里） 2. 在播下种子后会发生什么？ 3. 种子生长都需要些什么？（你要怎么照料你的种子？）	**儿童的反应**

8. 个性化支持

▲ **身体运动技能**：操作罐子、土壤、种子和洒水壶。

▲ **规则**：记住并遵守指令。

▲ **说明**：这部分内容提供了一般的技能目标，同时你可以进行个别化调整。你可以根据需要把这些内容提供给特定的儿童。

▲ **材料调整：**

※ 用胶带把塑料罐固定在桌子上，以防止滑落。

※ 用漏斗来倒土。

※ 提供带抓手的木塞给种子打洞。

※ 提供手套以保护双手。

※ 提供可站着，也可坐着使用的桌子。

※ 确保有充足的空间。

规则调整：

▲提供按顺序显示步骤的图卡。

▲确保游戏区为接下来的活动做好准备，这样在当前的活动结束时儿童不必等待。

续表

儿童和目标	标准	个性化支持
吉莉安 目标：参与对话，表达想法和认识。	2.B.3c：围绕大声阅读的图书提出并回答问题。	在个人阅读期间提出有关园艺并且可以通过多种途径回答的问题（指着图画、日志或图书插图）
保罗 目标：按时间顺序给事件排序。	3.B.ECa：识别图片和信息的基本相似点和不同点。	通过一对一的工作支持保罗使用大尺寸的图片给植物的生长步骤排序。
瑟琳娜 目标：参与绘画或艺术活动。	5.8ECa：使用绘画、口述记录或书写形式表达有关主题的想法。	提供手套和另外的画笔（尺寸更大，带抓手），在桌旁放置绘画作品和画架。

9. 在教师主导的活动中或以儿童为中心的活动中做出的调整

10. 家园联系

分享书单。鼓励家长通过使洋葱、芹菜、胡萝卜、莴苣和大蒜的根部发芽来培育新植物。要求家长带儿童去杂货店或市场，识别两种蔬菜和两种水果。哪一种最小（最大）？它是什么颜色的？要求儿童把他们看见的画下来。

11. 说明（什么效果良好，什么需要在下次做出改变）

用这部分记录哪些措施效果良好，哪些措施需要改变或改进。

链接全美幼教协会《早期学习项目认证标准和评价细则》

标准 3——教学包括有目的地运用多种教学方式优化儿童的学习机会。教师使用从结构化到非结构化、从成人主导到儿童主导的一系列方法。标准 3.G 要求，教学要深化儿童的理解、技能及知识。教师要创造让儿童进行有目的、有意义学习的体验。教师需要深入了解教学内容和教学方法方面的知识，需要理解儿童的发展需要和技能。教师必须要能够制订这样的活动计划：

※ 为儿童提供参与小组项目的机会（标准 3D.5）

※ 为儿童提供互相学习的机会（3D.6）

※ 在为期数月的时间里改变材料和活动（3D.8）

标准 3.E 采用多种方式重新规划教室、材料和活动，以满足特定儿童的需要，从而促进儿童参与学习。教师要鼓励孩子们问问题，帮助他们联系已有的知识，拓展他们的理解及对世界的兴趣。有效教学的一个重要方面是给予孩子们足够的挑战。教师可以把较大的技能分解为一个个有意义的、可完成的部分。这一层面的意图和规划对教师的有效课堂教学至关重要。

反思性问题

1. 对于现有的教师主导的活动计划，你最喜欢哪部分？你为什么有这种感觉？
2. 要改进教师主导的活动，你想采取的第一步是什么？
3. 你能在现有的活动计划中添加些什么来提高教学效果？

第五章 运用观察、记录和评价来指导教学

对幼儿评价的理解

读了安德烈亚·贝蒂的《罗西想当工程师》后,孩子们兴奋地搭建自己的建构物。凯尔茜老师观察到诺亚把两根弯曲的木质火车轨道拼在了一起。他试图把轨道移到一座桥下面,但是积木结构塌了。诺亚拆开轨道,重建了这个结构。他选择了两根直的轨道,在桥下把它们连在一起,兴奋地喊:"哇!我的桥站稳了!我学会了一些很酷的工程技能。"

凯尔茜老师说:"诺亚,你是一个很努力的工程师。你用你的工程技能解决了问题。你是怎么修好它的?"诺亚回答说:"直的轨道更合适,弯曲的轨道会使小车转弯太急。我把桥造好后再把轨道放进去。"凯尔茜老师回答:"这是个很好的计划。你让开口变大,这样直的轨道就合适了。我可以拍张照片吗?"诺亚点点头。

凯尔茜老师给桥拍了一张照片,同时捕捉到诺亚露出的笑容。

她把照片打印出来并给它配了说明文字。"直的轨道更合适,弯曲的轨道会使小车转弯太急。我把桥造好后再把轨道放进去。"她又加上:"工程师_____"。然后,她把照片递给诺亚。他小心地把他的名字印在凯尔茜老师留下的空白处。凯尔茜老师微笑着说:"工程师诺亚,你拥有一些很酷的工程技能。"

凯尔茜老师把评价作为教学的组成部分。她记录下诺亚对他的问题解决策略的见解。诺亚把他的照片夹到用于展示学习成果的绳子上。凯尔茜老师写下明天要用到的三个词语:"弯曲""角落""连接"。这些概念将会拓展诺亚对他喜欢的活动的思考和交流。凯尔茜老师通过观察和记录来评价与理解诺亚的技能及需要。

评价衡量的是儿童所知道的和能做的事情随时间的推移而发生的变化。评价所提供的基本信息向你显示儿童都理解些什么。它是日常教学的一部分，以多种形式在各种情况下进行。

评价有助于你回答诸如"儿童在学习过程中处于什么水平""他们需要支持以加深理解吗""有需要给予支持的技能吗"以及"他们需要额外的挑战以和他们的技能水平同步吗"之类的问题。

在撰写活动计划之前，你需要确定最好的方法来记录儿童正在学习的内容。一旦确定好方法，你就可以针对你正在计划的活动选用适合的评价类型。你就能更快地写好活动计划，准确地捕捉到儿童的技能进步情况。

教学小贴士：探索和使用数据

有许多种形式的证据可以表明儿童正在学习。我们需要数据来记录儿童的进步情况，并证明你的教学选择是否有效。有时候，你要搜集包括量化（或数字）信息在内的证据，例如：

- 儿童数出了多少个物体？
- 儿童认识多少种动物？
- 儿童成功地完成了多少项活动？
- 儿童正确地说出了多少字母的发音？

量化数据能显示儿童在某一具体技能方面的进步。例如，当你搜集儿童在一段时间里的作品样本时，你就能回答诸如"某个儿童在12月比在9月能多写多少个字母"以及"某个儿童能准确地描述多少种形状特征"之类的问题。

然而，对于幼儿而言，最有用的数据常常是质性的数据。质性的（或描述性的）数据包括丰富、详尽的书面记录或者你观察所得的证据。描述性数据能帮助你做出有效的教学选择，包括：

- 识别儿童正在形成的技能；

- 描述儿童的具体优势和能力；
- 与儿童交流他们知道什么和能做什么；
- 解释儿童正在如何学习，以及哪种学习方式对他们而言效果良好；
- 评价儿童在某个活动或经历中是否已经达成特定的目标；
- 记录儿童的技能和上周相比在哪些方面进步了；
- 详细地描述儿童需要支持的学习领域或发展领域；
- 记录儿童发展新技能所需的材料和活动；
- 追踪儿童获得技能的方式。

理解评价循环

妮基老师正在观察精细动作桌旁的瓦莉和杰克。瓦莉仔细地从笔尖处剥去一块纸，露出更多红色的蜡芯。她用它在方格纸上画了个大正方形。然后，她伸手拿了一块磁力积木。杰克碰了碰瓦莉的胳膊说："让我们给动物们做野餐吧。"瓦莉想了想这个主意说："好的，我们可以先搭建一个野营帐篷。"妮基老师说："帐篷可以保护动物们免遭雨淋。"瓦莉说："它们的妈妈会带雨衣和雨伞。"妮基老师表示同意："对。雨衣和雨伞也能提供保护。"瓦莉又说："它们不会被雨淋湿了。"

这看起来是一次普通的互动，但是妮基老师通过观察瓦莉的游戏活动，评价她的精细动作和交流技能。孩子们在妮基老师读富兰克林·M.布兰利的《雨下起来了》(Down Comes the Rain，Franklyn M. Branley)和琳达·德威特的《接下来天气如何》(What Will the Weather Be，Lynda DeWitt)时学习了词语"帐篷"和"保护"。妮基老师在儿童游戏的过程中引入了这些概念。

妮基老师在她的文件夹上写下日期和细节："瓦莉坚持不懈地把笔尖上的纸剥去。当杰克建议给动物们做野餐时，她转移了注意力。她在交流时用了'帐篷'一词。瓦莉知道雨衣和雨伞具有保护作用。"

评价的目标是找出每个儿童的强项和正在形成的技能，并辨别需要提供额外支持的发展或学习领域。评价将会帮助你：

- 评估儿童是否正在按照典型的或预期的时间表发展技能；
- 思考儿童获得了哪些方面的发展，哪些技能需要额外的支持；
- 选择新的或更复杂的材料和活动用于促进儿童进一步地学习；
- 对材料做出适合个别儿童的调整和修订；
- 调整支持、挑战和刺激的水平，以便儿童获得创造性的经验和学习；
- 丰富互动以提供目标明确的语言支持；
- 反思教学实践，使其更具有语言和文化的关联性；
- 评估挑战的难度或复杂性是否能促进儿童成长；
- 考虑儿童成功地使用材料所需的具体技能；
- 调整空间、材料、时间和支持水平，以确保儿童成功；
- 和家长分享信息，这样你们可以一起合作以增强儿童的技能；
- 认识到评价和计划过程是同一个评价循环的组成部分。精心规划的评价能让你考虑到儿童的经历背景，因为它会影响他们的适应和成长。图 5.1 显示了你要遵循的评价循环。

评价循环

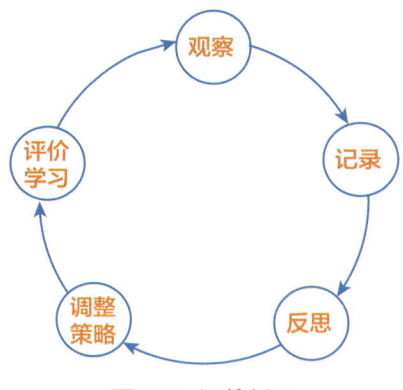

图 5.1　评价循环

观察

观察是对所有现存的影响儿童学习的因素进行有目的的、仔细的探索。当你观察的时候，你要注意到儿童的行为、反应和学习方式与环境和材料的关系；儿童如何和他们的同伴互动；儿童在和你互动的时候如何回应。你要评价支持的水平、时间框架（日程表），以及儿童的身体或情感状态如何影响他们的适应、参与和学习。

当你观察的时候，你也会追踪儿童学习什么和如何学习。他们在进行对话时是否使用了新词汇？他们在游戏的过程中显示出对概念的理解了吗？他们遵循指令，或者越来越独立地执行所需的流程了吗？他们展现出所需的技能了吗？在学习的过程中，哪些方面会让儿童感到沮丧？观察的目标是搜集各种各样的证据，帮助你更好地了解儿童，识别儿童的强项和需要，从而计划有效的教学。

记录

记录意味着以公平、准确的方式捕捉你的所见所闻。你可以通过观察笔记或使用发展检核表描述儿童正在形成的技能来记录学习证据。你也可以创建档案袋保存儿童的艺术作品、绘画、口述记录和其他学习证据。真实的记录包括照片、艺术作品、视频记录、日志和其他的儿童作品。每种证据都将为构建一幅完整的、有意义的关于儿童发展和学习的图画增光添彩。

反思

反思可以让你更深入地了解每个儿童的具体需求。这名儿童哪方面做得好？还有哪些活动可以挑战他的思维和成长？你可以引入哪些其他的材料和对话去发展特定的技能？你的互动、信息和支持方式在激发这名儿童的动机方面有效吗？你要考虑这名儿童在哪一个领域比较吃力或需要鼓励和帮助。什么样的书或资源会提升儿童的兴趣？你可以准备、安排、调整或做些什么，从而让这名儿童投入到更有意义的学习中？

调整策略

调整策略意味着，你运用自己已经学到的知识更有效地开展教学。你可能意识到，儿童在精细或粗大动作技能方面需要支持。你可以计划其他的游戏，增加道具以及调整材料。你可能发现有的儿童需要在老师的鼓励下参与阅读活动，或者你想更有意识地聚焦于支持儿童的词汇发展。你可能想要为同伴互动提供支架。你的目标始终是提升儿童的素养，以及让他们感到自己是有能力的、主动的学习者。

评价学习

评价学习意味着你要增强对儿童及其经验和能力的深入、复杂理解。商业性评价和具体的课程或技能检核表联系在一起。真实的、具体的项目评价决定着儿童处于学习序列的哪一位置，以及他们达成学习目标的程度。你需要采用多种评价策略，以确保描绘出儿童在当前以及随时间的推移所取得进步的完整、准确画面。

链接研究：识别平等问题

评价包括四个目的：监测儿童的发展和学习，指导课程规划和决策，识别残疾儿童，以及获得准确的信息并和家长、同事及其他利益相关者分享（Ntuli, Nyarambi, & Traore, 2014）。无论基于哪一目的，教师都必须特别注意确保平等、公平，并给残疾儿童、有色人种儿童、移民或难民儿童，以及作为多语学习者的儿童以支持（Carley Rizzuto, 2018；Chu & Flores, 2011）。

评价的目标始终是增强儿童的幸福感、才能，提高儿童的知识、技能和能力，促进儿童的发展。教师在评价儿童时必须意识到一些敏感问题。

- 儿童的语言能力和早期读写能力正在形成中，然而许多评价方式往往依赖儿童的语言能力。儿童需要机会"展示"他们的技能，而不是"讲"他们知道的东西（McConnell, 2019）。
- 儿童的发展是快速且不断变化的。一天或一次的评价无法提供有关儿童整体进步的准确图像（Schultz，2015）。
- 儿童正在发展有助于反思学习的思维过程和方式。理解儿童是怎样学习的和确定他们已经知道了什么一样重要（Salmon，2016）。
- 对儿童的评价必须考虑儿童的视角。教师必须考虑社会环境和物理环境的影响，运用反思性实践以确保对儿童持有准确的看法（Buzzelli，2018）。
- 商业性评价也应该受到评估，以保证其内容适合来自不同种族和收入群体的儿童，以及适合学习多种语言的儿童（Wood & Schatschneider，2019）。
- 教师应该使用多种来源的信息来评价作为多语学习者的儿童，在解释词汇评价的结果时保持谨慎（Wood & Schatschneider，2019）。
- 教师在使用等级量表评价儿童的学业表现和行为时要谨慎。教师对儿童的判断可能受到源自文化差异的刻板印象和偏见的影响（Mason, Gunersel, & Ney，2014）。
- 对儿童的学习和行为的等级评定受到教师的态度、信念和先前经验，以及儿童和教师之间文化不协调的影响（Rudd，2014；Staats，2014）。反思和诚实地评价至关重要。
- 在需要对儿童的入学准备情况进行评价时，这些评价信息应该被用于了解儿童在学习上的差距，并为更有效的教学制订计划（Regenstein et al.，2017）。入学准备情况评价"应当根据接受评价的人群特点加以适当设计，应具有文化、语言的回应性，并且是基于评价的特定目的而开发的"（p.5）。

从真实性评价中受益

当蒂根吞下一口松饼的时候，丽安老师问："你有了一间新卧室？""是的。我有一张双层床。妈妈让我睡在下面那层。"蒂根说。"你想睡在上面那层吗？"丽安老师问。"这个嘛，我的动物可能会掉下来。""嗯，"丽安老师说，"我想你的动物和你睡在下面那层会非常舒服。谁和你一起睡呢？""我的长颈鹿和熊猫。"蒂根微笑着回答。"我很高兴你们可以安然无恙。"丽安老师微笑着说。

丽安老师每天在午餐时和蒂根互动。蒂根的爸爸出远门了，蒂根新添了一个小弟弟。蒂根现在每周接受一次语言治疗师的治疗。在吃饭的时候，丽安老师会关注蒂根的进步。她会记录蒂根的幽默感和她用完整的句子回答的情况。丽安老师利用非正式的午餐对话来追踪蒂根的进步。

真实性评价指在常规活动过程中评价儿童。这种方法能确保对儿童的技能、思维和能力的描述准确。它涉及用多种方式、在不同的时间和地点观察儿童。真实性评价衡量的是儿童如何对多种体验和情境做出回应。

在真实性评价过程中，你要让儿童参与对话，要求他们展示或解释他们知道些什么，或者只是在活动的过程中观察他们。真实性评价的目的是在儿童感到舒服的情况下捕捉有关他们进步的有意义图景。儿童可能没有意识到他们的进步正在被评价。

至少有三种方式可以用来观察和记录儿童的行为。一种方式是观察儿童能独立地做些什么。例如，观察儿童如何匹配多米诺骨牌的数字，然后就他们的思考问问题。另一种方式是评价儿童在和你一起进行的共享活动中能做什么。例如，在读一本书的时候，追踪儿童就这个故事所说的话，或者记录他们对问题的回答。还有一种方式，是观察和记录儿童在和他们的同伴互动过程中做了什么，说了什么。例如，你可以注意儿童解决问题的方式或应对社交情境的方式。在多种情境中进行观察和评价会给你一幅关于儿童的完整图画。

真实性评价可以确保教师搜集到所需的信息，包括：

- 关于儿童知道什么，能做些什么；
- 儿童随时间的推移取得的进步；
- 准备材料、计划时间以及做出决策所需的信息。

真实性评价的目的是识别每个儿童的优势和正在形成的技能，明确需要提供额外支持的领域。这些信息可以和家长分享，以便他们也可以参与到鼓励和培养儿童强项的工作中。你还可以使用评价信息为个别儿童计划具体的材料、活动、调整措施，以及提供其他支持。下面的内容解释了真实性评价是如何发挥作用的。

真实性评价是持续性的。评价儿童的过程包括许多次在许多地方以许多方式捕捉儿童的行为。确保你在许多情境中观察过儿童。你不是在一个上午或一天的基础上就得出评价结果，而是要寻找随时间推移儿童表现出的发展模式。

真实性评价是循环进行的。真实性评价的信息能帮助你反思和调整实践。教师遵循一系列可预测的步骤（包括观察、反思、调整和微调实践）以满足儿童的需要。这种评价也被称为"形成性评价"（formative assessment），你用从中获得的见解和理解去调整支持的水平、刺激、创造性经验以及教学方式。你要持续调整你的实践以确保做出最有效的教学决策。

真实性评价需要你提出恰当的问题。你要想找出儿童已经知道和理解了些什么，就必须运用对儿童有意义的问题和活动。你可以考虑如下问题："这个孩子什么事做得比较好？""我还能做些什么来推动他的思考和成长？""这个孩子在哪个领域遇到了困难或需要鼓励？""我怎样才能引入和这个孩子现有的理解水平相适宜的材料、对话、活动和书籍，从而帮助这个孩子建立额外的优势？"

真实性评价能为个别化教学提供信息。为儿童的学习提供个别化支持是评价的核心组成部分。它包括利用对儿童已有的了解计划未来的材料、活动和互动。个别化教学不只是针对儿童的薄弱领域或者现在还未具备的技能，其目标是发现儿童正在形成的技能，继续发展每一个发展领域的优势。

真实性评价需要不带偏见的记录。准确的、不带偏见的观察意味教师要用客观且不带情绪的术语记录其所见。不要说"布里恩今天在午睡环节遇到了困难"。一个准确的报告会说："布里恩在午睡环节哭了。他很伤心，因为杰克逊必须回家。我们谈到当杰克逊下周回来时，他会感到多么高兴。"这个准确的版本考虑了发生在儿童身上的、对当前局面有影响的事情。教师的选择、行动或当前发生的事情经常影响儿童回应的方式。

评价的目标是当儿童的技能在教师不断的支持和鼓励下生成时，捕捉其发展的时机和顺序。教师通过一对一的对话、示范技能以及提供支持和鼓励等，强化儿童的技能或理解水平。评价幼儿并不总是指向了解他们能单独做些什么，也包括他们能在教师的支持下做些什么。

真实性评价的类型

真实性评价的类型包括观察笔记、发展检核表（可能是商业性的评价工具，用于测量儿童正在形成的技能和取得的进步）、档案袋、等级评定量表以及其他真实性的记录。教师可以选择与每日常规、活动和儿童最自然契合的评价类型。每种评价工具的使用必须与其目标精心匹配，也必须和其他的评价、记录类型结合使用。下面的信息介绍了每种评价工具的目的和方法。

观察笔记和逸事记录

艾梅尝试把兽医工具放回工具箱。她感到沮丧，因为放不进去。她拿出叩诊锤，翻了个个儿，然后合上箱子。乔纳森打断了她，说："帮帮我。我的小狗被一辆自行车撞了。它正在哭。"艾梅抬头看了看，打开工具箱，拿出绷带。"很遗憾，你的小狗的腿受伤了。这是帮它固定腿的绷带。"她和乔纳森一起努力把绷带绑上。"谢谢你！它现在好多了。"乔纳森说。

基亚老师在过去的一星期一直在追踪艾梅的发展情况。她正在尝试更好地了解艾梅集中注意的能力，以及这种能力是如何与其学习联系在一起的。她制作了一个表来做观察记录。她详细记录活动日期和活动类型。现在，她正在观察戏剧游戏过程中的艾梅。

观察笔记或逸事记录捕捉的是每个儿童的认知、语言、社会情感和身体发展情况。这些是记录幼儿进步的基础，也是教师对所观察到的事物进行的丰富且深入的描述。教师如果想测量某个儿童对某种数学技能的理解，那么可以让儿童玩规则游戏，问儿童问题，写下儿童的回答，或者描述儿童是如何解释自己的思考的。

观察笔记是一种真实性评价，因为它们记录了儿童的一系列技能在一段时间内的发展变化。它们捕捉儿童的言行，以一种详细、准确的方式记录儿童知道和理解了什么。观察笔记记录了儿童正在形成的优势和需要支持的领域。

你可能以为你会记住某一事件，但如果没有书面记录，你可能不会记得细节。如果要求你用某种具体的课程或系统记录儿童的进步，那么书面记录能确保你给每个儿童一个准确和公正的评分。下一次当你使用某个规定的评价系统，或者准备一次家长会的时候，你就可以参考这个记录了儿童的有意义学习的汇编资料，它包含了对儿童语言的具体引用和对儿童学习的描述。

表 5.1 中的内容说明了教师如何在一日生活中的不同情境下做笔记。标题告诉你具体的技能领域。"学习延伸"是供你添加后续的支持、教学策略、调整的内容或帮助特殊儿童拓展学习的策略的地方。你可以在一次观察期间填写表格，或者在几天或更长的时间里添加笔记，目的是培养记录儿童多个领域技能发展的习惯。

观察笔记表

表 5.1　观察笔记表

（如何在一日生活中的不同情境下做笔记）

姓名： 艾梅·史密斯　　　　　　　　**日期：** 10 月 20 日，上午 10:00—10:05

观察背景： 戏剧游戏活动中的 5 分钟。主题为"兽医护理"。

在场人员： JK，DB 和 SM

社会情感

尽管忙于整理工具，但她还是配合 JK 的计划。

她说："很遗憾，你的小狗的腿受伤了。这是帮它固定腿的绷带。"

执行功能

艾梅玩游戏的时候更偏爱个人空间。今天，她成功地管理好了动物医院区，既没有分心，也没有受挫。

精细和粗大动作

艾梅从 DB 的填充动物玩具上拆下复杂的绷带。她把它仔细地卷起来，放进了兽医工具箱。

语言和交流

艾梅使用了三个词：康复、检查、过敏。

她说："它的脸是红的。它对食物过敏。"

续表

认知和倾向

社会研究——孩子们了解到，要用钱换取社会服务。

数学——艾梅帮 JK 照看宠物开价 10 元，给 SM 的小鸡开药收取了 5 元。她数了数每个人的钱。

概念——她说："这不贵。"她提醒道："两周后再把它带回来。"

艾梅问："如果兽医的办公室太小，那他们如何照顾马呢？"

学习延伸

阅读并和艾梅讨论下列书籍：

▲《兽医的一天》(*A Day in the Life of a Veterinarian*，Heather Adamson)

▲《小饼干看医生》(*Biscuit Visits the Doctor*，Alyssa Satin Capucilli)

▲《我想当兽医》(*I Want to Be a Veterinarian*，Laura Driscoll)

发展检核表

凯莎老师坐在胡安和艾梅的矮桌子对面。他们在对贝壳进行分类，以创建不同的数字组合。凯莎老师把三个贝壳排成一排，清点数量，数道："1、2、3。让我们再加 4 个。"她指着第三个贝壳，在此基础上继续点数，孩子们和她一起数："3、4、5、6、7。7 个贝壳。"然后，她问："我们怎么得到 7 的？我们从 3 开始继续数。"

凯莎老师把贝壳推给艾梅，说："这是 4 个贝壳。你能再加 2 个吗？"艾梅点数："1、2、3、4。"她停下并拿过来 2 个贝壳。她指着第 4 个贝壳，然后继续数："4、5、6。"

凯莎老师给儿童提供了一种展示他们已经知道了什么的方式。她用一个贝壳计数活动来评价他们对基数的理解——知道在计数时说的最后一个词代表一组物体的总数。凯莎老师用检核表来追踪儿童的技能。

就如表 5.2 中艾梅的例子所展示的，检核表可用于记录儿童的具体领域技能发展情况。使用检核表的好处是它能聚焦于一系列的技能。你可以加上解释性的笔记，描述你是怎么观察某项技能的。你也可以追踪儿童在特定的内容领域取得的进步，如数学、音素意识或身体、社会技能。这种记录随后可用于计划另外的活动，以帮助儿童建构正在形成的技能。

艾梅的检核表样例

表 5.2　艾梅的检核表
（展示了如何记录儿童具体的数学概念发展）

姓名：艾梅·史密斯	
目标	**观察日期和笔记**
√口头计数，正数、倒数数到 10	9 月 20 日：先是在小组里，然后独自述行
√数到 20	10 月 5 日：通过数小熊正确点数到 20
√用手指和物体表征数字	10 月 21 日：决定布置桌子需要多少餐巾纸
√按物计数，大声从 1 数到 10（一一对应）	10 月 5 日：指着打印出来的动物，边指边计数
√不用计数就能认识到一组物品的数量（数感）	11 月 15 日：在不计数的情况下识别多米诺骨牌的数字（点子），一直到 8
√描述形状（正方形、三角形、圆形、长方形）的特点	11 月 18 日：按 3 种特征（大小、形状、颜色）分类，并描述每一类的数量
√知道计数的时候说的最后一个数字代表一组物体的总数（基数）	12 月 9 日：运用对基数的理解在一组物体中添加物体，一直加到 10
□按特征（相似和不同）把物体分为两类	
□识别数量的多寡	
□使用相反的概念词，如：更长—更短，更大—更小，更多—更少，更重—更轻	
□识别集合中的数字组合	
□将集合中的数字组合进行分解和组合	
□创造并重复简单的模式	

档案袋

蕾切尔老师问孩子们想要比较什么。"鞋。"昆廷说。"哪种鞋？"蕾切尔老师问。孩子们决定比较系带的鞋、休闲鞋和尼龙搭扣鞋。蕾切尔老师画了些垂直和水平的线，做了一张大的统计表。

孩子们告诉蕾切尔老师他们穿的是哪种鞋。她在每个方格里画一只鞋，在这只鞋的上面画另一只。孩子们在蕾切尔老师指着鞋子时一起数数："1、2、3、4。有4只系带的鞋。"

蕾切尔老师问："哪种鞋超过4只？"昆廷回答："尼龙搭扣鞋。"蕾切尔老师鼓励他计数："有多少只尼龙搭扣鞋呢？"昆廷按从下到上的顺序开始数，数到5。"是的，"蕾切尔老师说，"5只尼龙搭扣鞋。5只尼龙搭扣鞋比4只系带的鞋多。"

接下来，蕾切尔老师要求孩子们选择他们想统计的其他物体。他们决定记录他们的兄弟姐妹，他们拥有的宠物以及他们吃的东西的数量。在那一周结束的时候，他们完成了表格，蕾切尔老师让每个孩子根据他们画的条目解释"多"和"少"的概念。

这个活动的数学目标是：儿童理解数字表征物体，而图表表征信息。社会技能方面的目标是：儿童一起工作，合作制作图表。蕾切尔老师会在教室里展示图表，并给家长们看。她在孩子们的档案袋里放了一份摘要记录。表5.3里显示的是昆廷的摘要记录。

档案袋可以汇总孩子们随时间保存下来的作品样本。它可以包括儿童作品的原始版本，或一学年中代表时间抽样的作品的照片。表5.3中的书面笔记或摘要记录描述了儿童的言行。你可以考虑添加儿童的口述记录、艺术作品或书写作品。你也可以在其中添加儿童的科学绘画、数学表征和故事。检核表和其他表明儿童学习和进步的笔记、图表也是有用的。通过这种方式，档案袋提供了一幅有关儿童学习的平衡且完整的图画。

昆廷的摘要记录

表 5.3　昆廷的摘要记录

（描述了可以表现昆廷学习的言行）

姓名：昆廷	日期：2 月 17 日
主题	搜集可以表现儿童学习的数据
鞋	"5 只尼龙搭扣鞋。5 是最多的数量。4 只系带的鞋。还有 2 只鞋是休闲鞋。"
宠物	"玛丽的宠物最多。她有 2 只狗、1 只猫和 1 只长尾鹦鹉。乔治和内森没有宠物。"
同胞	"乔舒亚的兄弟姐妹最多。他有 7 个兄弟姐妹。"
晚餐	"大多数人吃通心粉和奶酪。8 个人吃了通心粉和奶酪。"
目标 儿童将会： 1. 理解数字可以表征物体； 2. 用图表表征信息； 3. 进行合作以完成图表。	笔记 昆廷在附带图片的表格上表征事物的数量。他指着表格中的线，展示他对 10 以内的数字大小的理解。昆廷成功地和劳伦、迈克尔合作记录了我们班宠物的数量。

　　图形组织者或用于搜集、分类信息的图表能够提供关于儿童思维和想法的有用图画。自画像作品及其儿童的署名可以展现儿童在表征方面随时间的推移而取得的进步。用于填写重复信息、提供正确的答案或者将图片和单词相匹配的练习册不适合幼儿的学习活动。这些材料不应该包含在档案袋中。儿童在和真实的材料互动、动手操作以及与同伴和教师进行有意义的对话时学得最好。练习册仅仅提供了封闭式的或重复式的练习，而解决真实生活的问题和合作演示允许儿童开展更有深度的对话和更复杂的学习。

拍摄照片和录制视频

泰勒、卡拉和斯蒂芬妮戴着探险帽。卡拉说:"我们要去动物园。"他们拿着装有填充动物玩具的塑料箱。泰勒做了个标记——用红色的大字母写的动物园（zoo）。她复印了这些字母，并把纸贴到他们的桌子上方的墙上。

西奥老师问:"你们是动物园管理员吗？你照看的动物是什么？它吃什么？"泰勒说:"我有一只海豚，它吃鱼。"卡拉说:"这是我的狮子，它吃肉。"斯蒂芬妮说:"我的长颈鹿吃树。"西奥老师问:"你的长颈鹿伸长脖子能够吃到树叶吗？"斯蒂芬妮回答:"我的长颈鹿吃金合欢树的树叶。"

西奥老师在孩子们游戏之前给他们读了蕾切尔·伊莎多拉的《有一棵树》（There Was a Tree，Rachel Isadora）。他意识到斯蒂芬妮想起了《绿草遍野》（The Green Gress Grew All Around）一书中的金合欢树。

女孩们喜欢把科学区里图书的内容表演出来。她们长时间地观察迪·菲利普斯所著的《我想成为一名动物园管理员》（I Want to Be a Zookeeper，Dee Phillips）一书里的动物照片。她们特别喜欢玛丽·史密斯和罗兰德·史密斯写的《Z 是动物园管理员——动物园字母表》（Z is for Zookeeper: A Zoo Alphabet，Marie & Roland Smith），书里面有许多插图，展现了动物园管理员的工作。

当女孩们游戏的时候，西奥老师拍了一张照片，并打印了三份。在照片背面，他写下女孩们所说的有关动物的话。照片显示泰勒正倚着一个拖把，并把抹布挂在她的胳膊上。女孩们用小桶装动物的食物。斯蒂芬妮把她的长颈鹿举在空中。

照片和视频捕捉的是儿童的学习时刻与戏剧游戏的细节。它们能记录儿童的工作，从三维的艺术作品到积木建构物，再到完成的拼图。视频可以保存儿童对图书内容的表演、故事讲述、对他们的艺术作品的解释过程以及他们的数学思维。小组或独自游戏、项目活动和报告、诗歌以及其他表现形式都能被视频捕捉。这些记录可以被保存在数字档案袋中。照片和视频内容也可以给儿童和家长提供反馈。儿童喜欢看到他们的作品，也喜欢看到自己。

照片或视频给你提供了新的机会和儿童谈论他们的学习。在对话的过程中，你会对他们如何思考、感受和理解他们正在学习的内容有更多的了解。此外，写下或记录儿童在看到照片或视频中的自己时所说的话，这也有助于保存有关儿童理解能力的证据。在维护数字档案袋的时候，要给每份档案贴上日期、标题和儿童的姓名，也要记录活动的目标和儿童正在学习的内容。可以给数字记录配一份书面记录，包括标准、目标、笔记或检核表，描述儿童在照片或视频中展现的技能。

准备项目活动和报告

玛蒂尔达拿着一本小书给她的同学们看。她一边说话一边慢慢地翻动书页。画是彩色的，带有她写的说明文字。她说："我的爷爷来自葡萄牙。他6岁的时候摘葡萄和西红柿。他和他的同伴一起去一所小学校。他最美好的回忆是做冰激凌。他们把盐放进桶里，然后转动桶柄。阿沃说那是他吃过的最美味的冰激凌。"

塞莱娜老师和当地的图书管理员一起工作，选择了反映儿童家庭的书。她给孩子们读罗比·H.哈里斯的《我的家里都有谁：关于我的家人》(*Who's in My Family? All About Our Families*，Robie H. Harris)，以及莉萨·布拉德的《我的家，你的家》(*My Family，Your Family*，Lisa Bullard)。她把牛皮纸固定在比较大的那面墙上。连续几个星期，孩子们都在画他们家人的肖像。塞莱娜老师把这些画贴在墙壁上，并附上说明文字。

孩子们会去采访家庭成员。他们问："你在我这个年龄的时候会做哪些家务活？""上学是什么感觉？""你最难忘的童年记忆是什么？"孩子们用他们的画创作了一本图画书。塞莱娜老师帮他们写上问题的答案。这些书将作为暑假礼物送给孩子们的家人。

这个项目活动整合了许多技能。学习目标包括：理解家人既有相同之处，又有不同之处。通过探索家庭问题，儿童了解了人们会随着时间的推移而成长和改变。绘画是一种创造性表达方式。儿童倾听和重述那些有开头、中间和结尾的故事。这些都是学前阶段重要的社会研究、语言和交流方面的目标。

项目活动是一种很适合儿童的活动方式,它给予儿童机会,让他们对自己所做的工作感到自豪。项目活动的最后部分(结尾部分)包含诸如展览、制作图片日志以及孩子们创作二维或三维作品。展板或墙面布置可以展示儿童的工作及口述的故事。他们借此分享想法,互相学习。

当计划项目活动时,在规划和获取材料所必需的时间上要务实。你需要很了解你班上的孩子们,以确保他们获得所需的技能和支持。这是一段和家长、志愿者以及辅助人员(如图书管理员)一起工作以推动儿童的想法和活动发展的美好时光。表 5.4 显示了塞莱娜老师是如何用照片、检核表及书面笔记记录儿童的工作的。

关于玛蒂尔达的照片、检核表和书面笔记

表 5.4　关于玛蒂尔达的照片、检核表和书面笔记

(如何用照片、检核表和书面笔记记录儿童的工作)

姓名: 玛蒂尔达　　　　　　　**日期:** 4 月 21 日

题目: 家长访谈和图书

目标: 儿童将会

　　√理解家人既有相似之处,也有不同之处;

　　√理解人和环境会随时间而改变;

　　√在绘画中展现创造性的表达能力;

　　√使用完整的句子交流;

　　√重述有开头、中间和结尾的故事;

　　√倾听他人的想法和经验。

笔记

参见所附的书籍插图和墙上的绘画作品。

玛蒂尔达和她的爷爷交谈。她分享了爷爷 6 岁时在葡萄牙的经历,那时他在花园帮忙,做冰激凌。

> **田野笔记：邀请家长庆祝儿童的学习成果**
>
> 我们邀请家长参加我们的"创建一个大花园"项目活动报告会。孩子们制作了种着幼苗的蛋盒，长着豆芽的塑料容器，还有种着生菜和羽衣甘蓝的杯子。他们还制作了画有他们的植物的海报。我们班的项目活动包含了一个根本不算完美的花箱，它位于窗户的下面，但其中的每一样东西都是可以吃的。孩子们帮助我用英语和西班牙语给每样东西贴上标签。当家长们来的时候，孩子们分享了一个重要的经历和一种有关种植的技能，这些都来自他们的项目活动。我们与家长分享了室内园艺种植小窍门，孩子们则带着他们的植物和画作离开。弄脏的地板、计划和努力都是值得的。视频和照片堪称惊艳。我为孩子们感到非常自豪，也为他们的家人感到非常自豪！

用正在形成、独立运用、超越目标等描述词来评价儿童的进步

莫莉紧紧抱着她的盒子，说："她就像《赫吉的惊喜》（*Hedgie's Surprise*）中的小刺猬赫吉。这是我喜欢她的原因。我喜欢赫吉。刺猬会发出呼噜呼噜的声音。这就是人们听声音觉得它们像猪的原因。"莫莉发出了呼噜呼噜的声音，孩子们都哈哈笑了。莫莉继续说："它们冬眠，意思是说它们整个冬天都在睡觉。它们长满尖刺，但是尖刺并不会伤害它们的家人。"

韦罗妮卡老师问："有人有问题吗？"丽萨问："你的盒子里是什么？"莫莉说："树叶。我搜集树叶，这样赫吉就能睡觉了。"乔治说："我的朋友有一只宠物刺猬。它睡在笼子里。"

为了让孩子们开启"生活环境项目活动"，韦罗妮卡老师给他们读了玛乔丽·丹尼斯·默里写的《不要叫醒熊》（*Don't Wake Up the Bear*，Marjorie Dennis Murray）。这是孩子们在制作动物们冬眠的生活环境箱时，可以一起去阅读的许多图书中的一本（见表5.5）。他们围着一张大桌子一起工作，桌上放着少量树

叶、青草、苔藓和树枝。他们用画笔蘸上由棕色、黑色和白色蛋彩画颜料混合在一起的浓浓颜料，这样颜料就会粘在鞋盒上。

除了读书，孩子们还从《漫游者里克》（*Ranger Rick*）和《美国国家地理（儿童版）》（*National Geographic Kids*）杂志上剪切图片。他们会选择花栗鼠、熊、蝙蝠、蛇、刺猬和臭鼬的图片。韦罗妮卡老师则会播放视频片段，展示"美国国家地理（儿童版）"网站上动物的幻灯片。

韦罗妮卡老师和哈里贾老师在教室里创建了一个洞穴。洞穴里有各种各样的动物填充玩具，还有树枝、空盒子以及毯子。孩子们会在里面扮演冬天里的动物。

在这周，韦罗妮卡老师还把孩子们的注意转向动物身上的覆盖物，如帮助动物维持体温的皮毛和羽毛。他们还一起制作了一幅"森林"（他们的教室）地图。孩子们把塑封后的动物脚印图片粘到了地板上。一份关键的图表可以帮助儿童借助脚印画识别动物的名字。他们使用这份图表在教室里发现动物的脚印，并在这个过程中得到了莫大的乐趣。

韦罗妮卡老师需要记录儿童已经学会了什么。详细的书面描述性反馈契合这些幼儿的需要。她决定用等级评定的方法判断儿童正在形成、独立运用或超越目标的技能。

等级评定方法采用了来自早期学习指南或发展里程碑（developmental milestones）的具体标准。它使用以儿童的优势为本的系统记录儿童日益增强的能力。你可以按下述方式描述儿童逐渐提高的能力水平。

正在形成。当你支持儿童的学习时，为了让他们记住身体部位的名称或者描述某种动物，你可能需要给出线索或提示。你可能需要提供某些有形的帮助，以帮助儿童完成任务。这些技能可以称为在教师的支持下开始出现或正在形成的技能。随着时间的推移，儿童能够越来越独立地运用技能。他们可能只需要很少的提示就能解释自己的想法。

独立运用。儿童最终能够独立运用技能。例如，他们能够选择某种动物，在没有教师支持的情况下按一定步骤为其创建栖息地。这些技能可以被描述为达成了某个目标，或者一种独立的技能。

超越目标。最后，有些儿童可能会在语言、身体灵活性或认知发展方面展现出超越学习目标的技能。他们可以探索有关其他动物的信息，谈论身体对寒冷的反应，或者讨论某种动物的安全问题。这些技能可以被描述为超越目标的技能。

目标要用反映儿童能够做到什么而不是他们不能做什么的词语来表述。你可以根据你的课程、学校、学区或州的建议来界定目标的层次。无论你使用的是什么评价系统，以儿童的优势为本的描述都让你和家长可以理解、谈论儿童在其学习和发展的自然进程中处在什么位置。表 5.5 中列出的技能包括四个等级：开始、接近、达成和超越。

莫莉的技能形成表

表 5.5　莫莉的技能形成表

（这个由四个等级组成的量表采用了来自早期学习指南或者发展里程碑的具体标准以记录儿童日益增强的能力）

儿童姓名：莫莉		日期：3 月 17 日	
主题：冬天的动物——生活环境项目活动			
	目标 1 科学：搜集、描述并比较有关冬天动物的信息。	目标 2 语言：在对话和阅读中运用所学的新单词（迁徙、冬眠、适应）。	目标 3 艺术：创造某种三维作品以展示一个概念或想法。
超越：超出制定的目标，添加额外的信息，或者展现出对于更复杂的概念的理解。		莫莉能运用"迁徙""冬眠"和"适应"等词语来表达她的想法。在报告时，她解释了刺猬在整个冬天都会睡觉的原因。	
达成：在没有教师帮助的情况下独立地完成目标，并表现出对内容的理解。	莫莉在配对游戏中把动物分成迁徙动物、冬眠动物和整个冬天都清醒着的动物三类。		莫莉独立给刺猬创设了一个冬季栖息地。

续表

接近：在最少的帮助下达成目标、理解内容。

开始：在教师的帮助下达成目标。

笔记：莫莉在实施她的项目活动过程中表现出独立性。她也能给予她的同伴以支持，善于倾听同伴的意见。

图书主题：迁徙和冬眠

- ◆《冬天里的动物》（*Animals in Winter*，Henrietta Bancroft）
- ◆《雪上，雪下》（*Over and Under the Snow*，Kate Messner）
- ◆《冬天的鸟儿》（*Birds in Winter*，Jenny Fretland VanVoorst）
- ◆《睡觉吧，大熊》（*Sleep Big Bear, Sleep*，Maureen Wright）
- ◆《不要叫醒熊》（*Don't Wake Up the Bear*，Marjorie Dennis Murray）
- ◆《动物们在冬天都做什么》（*What Animals Do in Winter*，Melvin Berger）
- ◆《鹅的故事》（*Goose's Story*，Cari Best）
- ◆《当冬天来临》（*When Winter Comes*，Pearl Neuman）
- ◆《冬眠》（*Hibernation*，Margaret Hall）

使用商业性评价

莉萨老师和孩子们拥抱告别，然后泡好茶。她安静地坐在桌边，打开她的计算机。在接下来的几分钟里，她回顾了杰茜卡的档案袋和她写的关于认识字母、字母发音知识方面的笔记。她想确认她是否准确地记住了杰茜卡展现出的技能。她打开她的课程所要求使用的评价量表，使用档案袋中的检核表把杰茜卡掌握的技能记录在系统中。

接下来，莉萨老师又看了杰茜卡和达里亚复述莫妮卡·韦林顿的《津尼娅的花园》（*Zinnia's Flower Garden*，Monica Wellington）时的录像。当她听到杰茜卡说"园艺工作是个脏活儿"时，她笑了。她确信杰茜卡是从家庭成员那里听到的这个短语。她在检核表上标上"是的"，即杰茜卡能够按顺序复述熟悉的故事，在复述中使用有关人物、事件和故事线的细节。

商业性评价能为教师提供有关儿童发展的准确图景。你的课程可能使用诸如"年龄和阶段问卷"（Ages and Stages Questionnaires，ASQ）、"肯特发展技能清单"（Kent Inventory of Developmental Skills，KIDS）、"早期发展索引"（Early Development Index，EDI）之类的工具来搜集数据。你也可能使用高宽课程（HighScope Curriculum）和相关的"儿童观察记录系统"。还有许多课程使用"黄金教学策略"（Teaching Strategies GOLD）来评价儿童发展方面的进步。其他课程有的用"工作取样系统"（Work Sampling System）汇总数据。游戏本位的课程可以使用"佩恩交互式同伴游戏量表"（Penn Interactive Peer Play Scale，PIPPS）评价儿童在游戏过程中的社会技能。此外，还有一些专门的工具聚焦于一定数量的技能，或者可以捕捉在一系列技能上儿童发展的全球图景。

效度和信度可以确保一个评价工具能针对特定背景下的特定儿童的特定技能提供准确图景。效度意味着评价工具：

- 能够准确测量规定的技能和能力；
- 已经被认定为适合儿童的年龄和所处情境；
- 具有发展、文化和语言方面的适宜性，也适合残疾儿童。

信度意味着评价工具：

- 能准确表征儿童的技能和能力；
- 所提供的儿童技能图景无论在什么时候都具有一致性；
- 对同一组儿童评价的结果具有一致性，并且结果在不同的环境和背景下具有可比性。

为了确保评价忠实于记录的目的和过程，使用者在使用商业性评价工具前必须接受培训。忠实意味着无论是你使用这种工具，还是另一位教师使用，你们都采用同样的方式来进行。不论谁进行评价，同一名儿童的结果应该是一样的。你必须知道怎样使用这种工具，并意识到可能影响结果的因素。

评价工具要在真实的情境（儿童的典型经验）中使用，并由熟悉儿童的成人来实施。在有文化或语言差异的时候，你应该尽一切努力保证有人和儿童说同一种语言，并且让儿童感到自在。评价应该确保以下几点。

具有一致性。不管使用何种评价方法，都不应该用某一时刻或某一类型的评价结果来代表一个儿童所能做的一切。适宜的评价行为是使用不同的方式，在一天的不同时间观察儿童且持续数周。

识别具体的技能。你必须能够识别不同的技能，也要能够理解这些技能是如何影响其他能力的。例如，要评价儿童的行为，你必须能够识别某个情境是否和儿童的口头或身体技能相联系。

所处的背景。儿童的发展可能是爆发式的，有些领域大幅领先于其他领域。此外，日常的能力模式会受到疲劳、缺乏身体运动、营养状态和压力的影响。儿童对于环境中的不一致之处和变化非常敏感。评价必须始终考虑到背景。

使用客观数据。你需要确保你对儿童的评价有具体的记录支撑，这样能保证评价结果是由事实而非感受决定的。

有目的地评价。评价的目的是为你开展有效教学提供所需要的信息。你的目标是运用你所了解到的信息来建构儿童的能力，为他们的发展和学习提供支持。你对儿童的优势和正在形成的技能有什么发现，哪些将会指引你的教学？

评价和支持使用多种语言的儿童

艾莎老师和杰恩、焕焕安静地坐在一起，玩一个数字匹配游戏。有一套卡片，一面是大的圆点，另一面是儿童和动物的图片。艾莎老师和孩子们在一起时，一边记着笔记，一边密切地关注着他们。

"有多少只猫？"艾莎老师读了她用韩语写的问题。男孩们一起回答："8只。"

艾莎老师和他们击掌庆祝。她指着圆点数到8，又指着卡片上的猫数到8。然后，她帮男孩们点数。她问："这是什么？"男孩们告诉她："狗是gae，男孩是soneon，鱼是milgogi。"他们指着圆点和图片来计数。

艾莎老师记录下男孩们准确点数的数字。她做好笔记去查阅狗、男孩和鱼的韩语单词，以便她能准确地拼写它们。她用声音和手势与孩子们交流，用叫声代表狗，用摆动的手代表鱼。她的韩语发音不够完美，但她完成了数学活动，而且她和男孩们很开心。男孩们并没有意识到他们已经受到评价。

把评价作为日常游戏经验的自然组成部分，有助于儿童聚焦于任务而不必焦虑或害怕。杰恩、焕焕和艾莎老师的积极关系让他们的大脑注意力集中，身体放松。他们渴望和她玩更多的游戏。

当你和多语学习者一起工作时，重要的是要理解影响评价他们的因素（Kim et al.，2018）。有些教师对于儿童需要的支持水平持有错误的认识（Jacoby & Lesaux，2019）。对于使用多种语言的儿童，教师做到以下几点很重要。

- 了解双语学习者在语言习得顺序和时间上的差异。
- 使用不完全依赖英语技能和口头交流能力的评价工具。
- 认识到儿童的表现会受到时间、活动、环境和状态的影响。
- 研究双语或多语学习者背景上的诸多差异。在说不同语言的群体内部、两两之间以及多个群体之间存在着巨大的差异。
- 反思语言、文化方面的差异会以何种方式影响教师对儿童的能力或进步的感知，仅仅考虑言语技能可能会形成错误的判断。
- 考虑文化差异如何影响儿童和教师交流的方式。有些儿童可能会眼睛往下看，或者不敢跟教师保持眼神接触。先前的学习经历可能要求儿童安静地听老师讲，而不是期望他们做出回应或互动。

要想准确评价多语学习者的进步，你可以做些什么呢？保持敏感性是建立信任关系所需要的，从而让儿童感到用新的方式表达自己是安全的。要给予儿童许多展示自己的机会（如图5.2）。保证用表现性评价（performance assessments）方式来审视儿童的学习。在表现性评价中，儿童可以在不仅仅依靠语言交流的情况下展现他们的技能。要在多种情境中观察儿童，在儿童思考和加工信息的时候给予支持。为儿童提供积极的和鼓励性的学习经验。随着时间的推移，你会获得有关他们正在形成的优势和技能的全面图景。

图 5.2　儿童自创的字母表

（Reprinted from Alanís, I., Arreguín M., & Salinas González, I. 2021. *The Essentials: Supporting Dual Language Learners in Diverse Environments in Preschool and Kindergarten*. Washington, DC: NAEYC.）

要想加深儿童的理解，你应该：
- 提供与儿童日常的经验相关的信息文本、图片和故事；
- 使用真实生活中的模型、物体和例子预授或示范学术语言和词汇；
- 利用来自儿童生活的故事、事件通过多种方式引入概念。

和儿童一起工作，通过共享的游戏、活动和对话支持他们的技能发展。儿童自创的字母表使双语学习者有能力思考熟悉的单词和形象，而这些单词和形象来自他们的家庭、社区或课堂经历。例如，在儿童讨论了什么使家庭独一无二之后，教师给每个儿童一张纸，上面有字母表中的某个字母和空白处，孩子们可以在上面写单词或画画来描述什么使得他们的家庭独一无二，如字母 B 可以写成"bilingual"（双语的），字母 C 可以写成"cook"（做饭），字母 L 可以写成"love"（爱），等等。儿童的直接参与有助于他们理解自己已经学习过的单词中的个别音素，而且这些单词对他们及他们的家人而言是有意义的（Alanís, Arreguín, & Salinas-González, 2021）。

持续评价儿童的理解水平，查看你是否还需介绍、调整或提供其他内容，以支持儿童的学习或澄清儿童的认识。

平衡点：从儿童的视角来看

在日常活动中，你要从儿童的视角出发考虑与他们之间的互动。当你谈及他们做事的方式、能力和所付出的努力时，他们从你的话语中听到了什么信息？对于某一经历，他们感觉如何？幼儿园的经历可能给他们留下难以磨灭的印象，让他们深刻地认识到自己是学习者。话语和信息可能会产生持久的影响。"站在他们的立场上"考虑他们最需要什么会很有帮助。

每个儿童都是独特的。有些儿童按照预期的顺序发展技能。有些儿童的技能发展则是不同步的，有些技能发展超前，有些技能发展滞后。家庭生活作息中的睡眠、休息、混乱的常规、变化都可能影响儿童的状态。儿童的健康以及心理上的压力和波动也会日复一日地影响儿童的发展。由于这些原因，教师在对儿童的发展进步予以评价时，要考虑整个过程中影响儿童经验的所有因素。

备课资源：以发展里程碑为基础

发展里程碑是由美国"疾病控制与预防中心"（Centers for Disease Control and Prevention，CDC）提出的，它为家长、儿科医生以及参与儿童照护和教育的其他人提供了共同的语言。美国疾病控制与预防中心的"了解征兆，提早行动"（Know the signs：Act Early）项目倡导对所有儿童进行普遍的早期筛查，目的是促进儿童健康地发展，鼓励在干预措施最有效的时间里对有身心障碍的儿童进行早期识别（Weitzman，2019）。

对儿童发展的评价需要采用整体视角，同时理解和回应儿童的多样性。儿童的经验因文化背景、经历和个体差异而多种多样。筛查必须谨慎地进行，以确保适合每个特定儿童的背景。在筛查内容或过程方面一定不能有语言或文化上的偏见。在筛查的过程中，参与对象应包括家长、文化代表和相关专业人员，以确保得到一个公平的、准确的结果。那些参与其中的人必须"充分考虑特定儿童的具体能力、兴趣、经验和动机，或者在确定最适合该名儿童的教育实践时，充分考虑他的家庭文化、偏好、价值观和养育儿童的做法"（NAEYC，2020，p.34）。

尽管发展里程碑为儿童的发展提供了概括性的框架，但是要记住，发展的每个领域和其他领域都是相互依存的。例如，口语技能会影响儿童的社会性发展。精细动作协调能力可能会影响儿童何时及如何表现出其他技能。重要的是，文化的优先性和价值观会影响儿童的技能、学习和行为的发展时机。所有儿童沿独特的路径，按不同的节奏发展。

当你规划环境、材料和活动时，最重要且最优先的事项是充分了解每个儿童。认真运用有计划的观察获取有关儿童的优势和需要的完整画面。有了这些信息，你的活动计划将会既满足全班儿童的需要，也满足每个儿童的发展需要。

备课资源：理解早期筛查和干预

美国儿科学会建议，相关专业人士应使用标准化的、有效的工具在第9、18、24或30个月时对所有儿童的总体发展情况进行筛查，在第18、24个月时对他们进行自闭症筛查，或者在家长或监护人有所担心的时候对他们进行筛查。筛查应在家长允许的情况下进行，以识别儿童在行为、身体技能、语言和认知技能、情感和社会技能方面的发展变化。和家庭、社区资源合作能够确保每一个儿童获得最佳的结果。

如果儿童说英语以外的语言，那么必须由母语与儿童相同的教师来做筛查。该教师必须懂得并理解儿童的语言、文化，有能力运用儿童的母语准确地进行筛查。因为他们拥有同样的语言和文化，所以这名专业人员会理解儿童的回应、互动和交流的背景。

当儿童需要额外的服务或支持时，家长可以咨询当地机构，它们会对儿童进行更正式的评价，以决定儿童是否有获得早期干预服务的资格。《康复法案》（Rehabilitation Act）第504条指出，要确保残疾儿童不会因残疾而被排除在幼儿园之外。相关的服务和支持可以通过儿童的健康保险获得，或者如果儿童有资格，那么他可以通过康复法案的第504条来要求幼儿园提供服务和支持。《残疾人教育法》（Individuals with Disabilities Education Act，IDEA）要求幼儿园必须遵循具体的筛查指南。

对残疾儿童来说，教师必须运用教学实践来达到个别化教育目标。当你设计、安排、布置和调整空间来教授不同年龄和能力的儿童时，你要运用你对发展里程碑和儿童个体发展特点的了解。环境、材料和教学策略必须确保兼顾所有儿童。

> **有用的提示：和家长分享评价信息**

正如你已经看到的，关于儿童工作的真实样本是教师在班级的日常活动中搜集到的，包括：逸事记录（即有关儿童言行的笔记和教师在观察过程中所记的笔记）和其他类型的记录（如照片、对儿童话语的引述、作品样例和视频片段）。这些都是可以和家长分享的资源。

资源里还应包括一份描述儿童进步的叙述性摘要。你的陈述应该以儿童的优势为本，聚焦于儿童正在形成的技能。有些幼儿园和学区要求：向家长分享的档案袋信息里要包含具体的州级基准要求或者发展检核表。这些材料显示了儿童在预期的学前教育内容方面取得怎样的进步。

致力于伦理性实践

当你观察、记录和评价儿童的进步时，伦理性实践至关重要。在评价、筛查、保存记录和交流的过程中你有许多方法坚持伦理标准。你要跟上基于研究的评价实践方面的最新信息，因为这些信息将会保护儿童免遭偏见和不准确的结论的伤害。

保证客观性

本章描述的所有评价方法都需要你进行严格的监督，以确保对儿童的评价是公平的和准确的。教师需要考虑自己的偏爱及情感背景因素，保证所有儿童得到客观的评价。例如，他们可能对有行为问题的儿童，在认知领域给予更严苛的评价。他们也必须保证评价要尊重儿童的语言和文化差异。评价的目的不是判断儿童的进步，而是想方设法运用观察或评价的结果引导教学实践，转换和调整支持儿童的水平和类型，以促进儿童进一步发展。

保护隐私

伦理性实践也要求教师最大限度地保护儿童的隐私和保密。例如，当家长或其他人在教室里时，教师必须把评价材料和笔记收起来。他们必须在恰当的时候，在儿童不在场的情况下，与家长分享信息，以免儿童偶然听到或者将一些混乱的信息记在心里。教师不应该在其他家长和儿童面前讨论儿童的进步，而应该在私密的时间和地点且谈话不会被无意中听到的情况下，和幼儿园负责人、专家进行讨论。

使用基于优势的视角

伦理性实践要求教师致力于以儿童的优势为本的沟通。在和家长分享信息的时候，信息应该从基于儿童优势的视角予以呈现，使用的语言应聚焦于儿童技能的起步、形成和加强，而不是儿童的缺陷或弱点。在和家长谈话的时候，应该用真实的、支持性的方式交流。

当某个儿童的发展令人担忧时，教师应该表达积极的期望。例如：应该说"我们想看到你的孩子在图书阅读领域得到支持，并且帮助他发展阅读兴趣和技能"，而不应该说"我们注意到你的孩子不喜欢读书"；应该说"我们可以在这项技能上一起努力，我们有信心，你的孩子能做到的"，而不应该说"你孩子的行为正在扰乱午餐的秩序"。要让话语传递强有力的信息，运用以儿童的优势为本的交流至关重要。

选择适当的交流方式

伦理性实践要求教师选择适当的交流方式。例如，儿童的个人信息或评价信息不应该由教师通过电子邮件、短信或电话和家长交流。有关儿童发展的讨论应该总是由教师和家长私下进行，而不是在其他人或儿童面前进行。教师与家长之间的一对一会议可以通过电子邮件、短信或电话来安排。有关家园沟通的更多信息将在第六章中介绍。

保护数据

伦理性实践要求教师对数据进行保护。这意味着对所有数字文件设置密码，将存放个人或有关儿童、家长信息的文件柜锁上。这意味着所有有关描述某个或某些儿童的信息或书面笔记的废弃文件都要放进碎纸机粉碎。所有呈现了有关儿童的档案记录（例如照片、视频、书面描述）的手机应用程序和社交媒体页面需要设置密码予以保护。所有与你的项目有关的实践和指南必须加以考虑，以确保拥有最高水平的隐私和保密性。

应用专业指南

全美幼教协会的《伦理行为准则和承诺声明》（2011，p.2）是支持你的专业实践的重要信息。它表明，你将会"把课程实践建立在学前儿童教育、儿童发展和相关学科的现有知识和研究，以及有关每个儿童的具体知识的基础上"（I–1.2）。在评价儿童的时候，你将"认识并尊重每个儿童的独特品质、能力和潜能"（I–1.3）。你将会"理解儿童的脆弱和他们对成人的依赖"（I–1.4）。你将会"运用适合儿童的评价工具和策略，只按照其设计的初衷使用它，它有潜力令儿童受益"（I–1.6）。最终，你将会"运用评价信息理解和支持儿童的发展与学习，支持教学，识别可能需要额外服务的儿童"（I–1.7）。

> **链接全美幼教协会《早期学习项目认证标准和评价细则》**
>
> 全美幼教协会的标准 4 涉及对儿童进步的评价。它提出要确保在项目中运用各种各样正式的和非正式的方法提供有关儿童学习和发展的信息。评价的目的是为和儿童有关的决策提供参考，改进教学实践并推动课程发展。
>
> 全美幼教协会的标准保证了评价在"教师和家长相互沟通的背景下进行，并对儿童成长的文化背景保持敏感"（2018，p.53）。专业人员必须：

- 使用恰当的评价方法（4.B）
- 运用发展性评价和筛查来识别儿童的兴趣、需要，并描述儿童的进步（4.C）
- 调整课程并开展个别化教学（4.D）
- 和家长交流并让家长参与评价过程（4.E）
- 在合作制订计划时运用评价数据和同事交流如何支持儿童的发展与学习（4D.4）
- 在从儿童的评价结果中获得信息的基础上继续调整教学策略（4D.6）

反思性问题

1. 你最经常使用哪些方式来评价儿童？这些评价方式针对的是儿童的哪种发展和学习技能？
2. 你想把哪种真实性评价方法更有效地融入你的教学实践？这些改变会如何帮助你更准确地测量儿童的进步？
3. 真实性评价将为那些来自不同文化和语言背景的孩子带来哪些具体的好处？
4. 有效的观察、记录和评价实践如何改进你的活动计划，从而提升教学质量？
5. 尽管在有关特定儿童的需要和记录细节方面，你需要遵守伦理和隐私要求，但与同事的对话也会为你提供有关观察、记录、评价和档案袋信息的见解。与同事的反思性交流如何帮你改进实践，以更好地满足儿童的需要？

第六章 拓展与家长和同事的交流

计划和交流是高质量教学的支点

玛丽亚老师快速地整理了她的教室。她把一只柔软的兔子扔进装有动物填充玩具的大编织篮子里,接着擦了桌子。她把一个文件夹和一台笔记本电脑放在桌上。

特里西娅的爸爸穆诺奥斯先生敲响了教室的门,说:"嗨,玛丽亚老师。你好吗?"玛丽亚老师微笑着说:"你好,穆诺奥斯先生。我都等不及要和你谈谈特里西娅了。她进步神速。她给你写了一个故事,还配了插图。来吧,我给你看看。"

玛丽亚老师努力了几个月来整理她的档案袋系统,用系统的笔记和照片记录了儿童的进步。她帮助孩子们完成了几个项目活动,档案资料包括配图的故事、儿童描绘家人的墙面画作和记录了儿童的戏剧性游戏的视频。她准备在家长会上分享这些资料。她从家长那里获得的知识帮助她创建了一个全纳的、适宜的课堂。

对家长参与活动进行设计,可以使你们之间的互动对每个人来说都具有积极的意义。但是,这当中包括了大量的工作和许多利害攸关之处。要想有实效,交流必须建立在对每个儿童的深入了解、理解家长的视角以及精心规划的基础上。活动计划依赖你和家长之间的互惠交流。影响交流和信任关系的行为、知识和态度将会影响你的沟通效果(OPRE[1],2011)。态度包括对家长的看法,对影响其生活状态的因素的评价。知识包括对家庭文化、价值观和语言背景的理解,也包括对你自己的理解。行为包括反思你的举止给人留下的印象以及向家长传达的信

---

[1] 其英文全称为"Office of Planning, Research, and Evaluation, Administration for Children and Families"。——译者注

息。当你反思的时候，你要评价你的影响，并认识到以儿童的优势为本的语言带来的影响。你从家长那里获得的知识将会帮助你为儿童设计活动，这些活动反映并建立在他们的优势和生活经验之上。

和家长的交流依赖以关系为本的理念和真诚的合作，这些有助于增加双方之间的信任。你对家长的了解将有助于你支持儿童的学习。他们对你的了解则取决于你对他们的孩子的成功所付出的努力。

以关系为本的家庭参与方法包括优先考虑这样的家庭参与：它"支持有意识地关注互动的情感品质，理解亲子关系和师幼关系是儿童获得积极的、长期的发展和学习成果的核心"（Virmani，Wiese，& Mangione，2016，p.97）。入学准备立足于亲子关系及每个家庭的文化和语言资本。和家长的交流是有目的的、合作的和协调的，以确保你能尽己所能了解儿童生活的背景。

共同照护的保育模式就是一种以关系为本的计划制订和教学方式，它依靠的是教师与家长的交流以帮助儿童取得成功（Julius，2017）。它包括真诚交流、相互支持和目标一致（Lang et al.，2016）。这种方式以家庭的资源和资本为基础，对做出的明智决策至关重要。儿童和家长之间的关系是他们身份的来源和学习的框架。你邀请家长和你成为伙伴，以确保家庭和班级中的教育具有一致性。你要了解对家庭而言什么最重要，了解家长优先关注孩子的哪些方面。

以关系为本的教学是由专业组织设定的优先领域（Schmit & Matthews，2013；Sosinsky et al.，2016）。全美幼教协会《早期学习项目认证标准和评价细则》中的标准1（关系）聚焦于对和家长建立积极关系的基本需要，将其作为影响教学选择的重要知识的来源。各州的早期发展和学习指南，以及大量的研究证据表明，儿童的学习需要一个可靠、安全和积极的环境。活动计划必须扎根于教师和家长共同制定的决策与目标，而这些又都依赖双方之间持续的、互惠的交流（NAEYC，2018）。这种方法建立在儿童在家的形成性经验基础上，为你计划有效的活动提供所需的知识。

链接研究：以家庭参与促进教学

以关系为本的教学为儿童、家长和幼儿园带来了诸多益处。当你为儿童设定积极的目标时，你要依靠家庭的优势、能力和资源来解决问题和制订计划（OPRE，2011）。通过这种方式，你的教学整合并建立在家庭的文化、语言优势以及社区的资源和资本基础上。

下面是以关系为本的家长参与的益处。

- 教师对儿童和家长的认识与理解有助于在教师、儿童和家长之间建立起信任感和安全感（Owen et al.，2008）。
- 教师对家长的敏感和回应能促进儿童的发展（Sosinsky et al.，2016）。
- 教师和家长之间牢固的关系能提高保教和交流的质量，帮助儿童减少行为问题（Ruprecht，Elicker，& Choi，2016）。
- 家长参与使儿童更有安全感，能促进儿童的社会情感发展（Mortensen & Barnett，2015）。
- 家长参与对来自未得到充分服务的、经济不安全社区的儿童来说是一个保护性因素，可以提高教育的社会效益以及改善儿童的整体学业表现（McWayne，Campos，& Owsianik，2008）。
- 家长参与为儿童的终身成功和学业、社会情感发展方面的学习建立了强有力的基础（Fantuzzo et al.，2013；Galindo & Sheldon，2012；Powell et al.，2010）。

家长参与能够为儿童带来更大的成就、更高的测试分数、更多参与高水平项目的机会、更高的毕业率和更多接受高等教育的机会（Nguyen，Smith & Granja，2018）。

使用突出优势的话语分享信息

阿米尔的妈妈科拉安静地来，又安静地离开了。她没有去教室看望她的孩子，或者在离开前和达娜老师谈话。虽然达娜老师邀请了科拉待一会儿，但她还是很快离开了。

达娜老师和她的园长梅拉老师进行了交流。她担心科拉匆匆离开是因为她感到不满或生气了。梅拉老师鼓励达娜老师和科拉安排一次会面以了解更多情况。在见面的时候，科拉表示非常尊重幼儿园的老师，并且针对阿米尔的变化表达了感激之情。她解释说，她匆匆离开是因为她每天早上都必须赶火车去工作。达娜老师则保证她将支持阿米尔的成长和学习，以此来予以回应。

科拉的文化背景展现了对教师的尊重。她表达尊重的方法是保持安静，而达娜老师要努力理解这种安静。为了促进与家长之间的交流，教师必须对文化差异保持灵活性和敏感性。

不同的说话方式、不同的交流风格可能会成为教师与家长坦诚交流的障碍（Beneke & Cheatham，2015）。有时候，权力和控制方面的问题或决策制定方式的差异也会阻碍教师与家长之间的成功交流（Hedges & Lee，2010）。和家长互动时，教师需要保持敏感性，愿意去学习、反思人们思考以及和他人关联的方式。从突出优势的视角和家长互动是成功交流的重要基础。

突出优势的方式接纳家庭的生活价值观、资源、知识和社会网络。把重点放在家庭的文化优势和知识资本上，能够把认识框架从将家庭视为"处境不利的"转而认为人是在一种独特的文化环境中充分发挥作用的（Velez-Ibanez，1988；Wolf，1966）。资本取向的思维方式能保证你从基于优势的视角看待家庭，而不是假设他们会因为文化或社会经济地位而受限。突出优势的方式将人们的理念从认为只有一种"正确的"做事方式转变为认为家长有足够的能力养育他们的子女。

关于家长和照护者在儿童保教中扮演的角色，不同家庭的文化信念、态度和价值观可能存在差异。有些家庭相信参与教育是他们的责任，另外一些家庭则认为教导儿童是教师和照护者独有的权力（Calzada et al.，2015）。有些家长认为他们可以通过在家里教给孩子恰当的行为来帮助孩子，但不认为他们应该参与课堂。他们可能不喜欢参加班级活动（Durand，2011；Maríñez-Lora & Quintana，2009）。有些家长认为课堂应该是教师主导的、结构化的，因此当他们看到结构化程度较弱的、以儿童为中心的活动时会感到不舒服。家庭和学校对服从、自信、独立、合作所持的理念也可能有所不同（Suizzo，Tedford，& McManus，2019；Yang & Li，2019）。

对于移民家庭或者那些刚来到某个地区的家庭而言，会存在很多障碍，包括语言障碍。不要把那些将英语作为第二语言的家庭、低收入家庭或者来自其他文化的家庭看成"有风险"的家庭，而要根据每个家庭的优势来逐渐了解他们。为每个人创设一个安全和全纳的空间始于你挑战自己的假设，同时表现出对家长的经验和感受的敏感。下面是一些可以作为起点的策略。

- 尽可能了解你所照护的儿童的家庭传统和实践。问孩子们："你在家喜欢做什么？你在家是怎么做的？"
- 在你和家长分享的材料中包含既尊重和强调母语，又尊重和强调英语的学习方法。一定要理解语言差异，这样你才能够提供适宜的翻译材料、书面材料和其他支持。
- 提供能代表你照护的所有儿童及其家庭文件的书籍、照片、游戏、食物、玩偶和玩具。要求家长分享他们希望增加的东西，如图书和游戏。
- 当你对某一问题感到没把握时，可以进行澄清："我非常想让您的孩子在这里感到开心，让您对他所接受的照护感到满意。我能做些什么，从而使这一切对您而言成为更加积极的经验？"
- 使用积极的语言描述儿童的进步。比如，你可以说："约瑟夫已经在数教室里的挂钩和玩具了。我希望您在家里收拾东西的时候，或者当他和您一起去杂货店的时候，您能帮他数数。我们一起努力会增强他的数学技能。"（而不是说"约瑟夫到现在为止真的应该可以数到 10 了"。）
- 传递积极的期望。比如，你可以说："特拉维斯现在对阅读表现出了更大的兴趣。他特别喜欢看有关动物的书。我们的图书管理员挑了几本书，您可以在家和特拉维斯一起读。我知道我们给他读得越多，他独立看书的能力会越强。"（而不是说"特拉维斯现在还没有表现出对阅读有更大的兴趣，我很担心"。）
- 使用突出优势的话语来谈论和提出有关家庭的问题。"我想了解更多"就是很好的句子开头。和家长在一起时，你可以说："我想了解更多你在墨西哥的经验""我想了解更多你为你的孩子设定的目标。"和同事在一起时，你可以说："我想了解更多你是如何和孩子的家长谈话的。""我想了解更多你是如何把孩子的家庭经验融入课堂的。"邀请其他人分享经验是获得新观点的好办法。

- 在家长的母语不是英语的情况下，可以为家长安排一系列的会议并安排一名翻译。保证为家长提供的书面材料是用他们的母语撰写的，并且鼓励家长提问。与家长定期会面有助于你们之间建立信任关系，给你提供机会更好地了解家长和他们的孩子。
- 引导家长关注孩子的优点。比如，你可以说："你注意到艾瑞卡如何发挥领导作用了吗？他在帮助他的朋友们井然有序地玩游戏方面做得非常好。""今天，美诗放下她的拼图去帮迈克尔整理拼图。当他们在一起拼图时，她很有耐心，也很善良。"当你突出孩子的优点时，家长就更有可能注意并支持那些正在形成的技能。通过这种方式，你们一起鼓励儿童在校和在家发展能力。

通过深入了解每一个家庭（包括家庭成员吃穿的方式，如何准备食物，熟悉的玩具），你将可以在儿童所熟悉的实践的基础上创建课程。花些时间了解家长支持孩子的方式，以及他们在家分享的歌曲和故事。把这些融入班级的日常生活中能帮助儿童认同学习，也能使家长感到愉快。

田野笔记：用问题来引发兴趣

在每周的家园联系邮件中，我会介绍一下我们即将开展的主题，例如，"这周我们打算关注营养主题"，或者"这周我们打算搜集数据。孩子们将要学习计数和表征物体"。家长从来不回复这些邮件，我认为这很正常。随后，在没有真正评价这种策略的情况下，我添加了一个问题，并且建议家长在家中开展一个简单的活动："这周，我们打算研究能量平衡。我们将会谈论健康的身体。你的孩子知道有时候心脏跳得很慢，有时候跳得很快吗？让你的孩子将一只手放在心脏上，坐好后感觉它的跳动。然后试着蹦跳，再感觉心脏的跳动。你的孩子说心脏跳得快了还是慢了？"家长和孩子们开始谈论他们学到的东西，谈到停不下来。现在，我每次在写家园联系邮件时都会添加一个问题和一个简单的活动。

随着时间的推移，你和同事将对儿童的家庭以及如何使用家庭资源增强每个儿童的社会技能和经验获得更为深入的认识。家长和你之间形成的信任关系将有益于儿童的适应和成长。

你可以将儿童家庭的生活内容融入课程，从而创造一种独特的共享理解和实践的文化，所有人在其中都能逐渐了解并欣赏家庭的贡献以及课程的作用（Massing，Kirova，& Henning，2016）。把家庭文化融入教学能帮助儿童重视他人的想法和实践，并更好地理解自身。家庭和学校之间的合作为儿童的茁壮成长创设了一个安全的空间。

教学小贴士：整合文化的基础

你可以采用实际步骤将课堂和儿童的家庭生活联系起来。你可以立足于家庭的优势、文化、语言、观念和经验。下面是帮助你在这方面了解得更多的一些小建议。

- 和同事交谈，发展对课程所代表的文化和语言的敏感性及知识。考虑用新的方法支持儿童的身份建构，将代表主流教学法和理念之外的教学策略和支持纳入教学（Guo，2015）。
- 当你与家长进行真诚的对话，并综合特定儿童的身份背景合作构建对儿童需求的理解时，运用反思性实践（Virmani，Wiese，& Mangione，2016）。
- 花时间理解语言多样性儿童的复杂需要。向他们学习，和他们一起学习，以确保其取得成功（Czik & Lewis，2016）。
- 让家长告诉你儿童在家玩的游戏和日常经验。把他们的兴趣、活动和游戏方式融入课堂材料和体验中（Yahya & Wood，2017）。
- 在家长接送孩子的时候持续记录他们告诉你的信息。日常交流中包含发生在课堂之外的儿童的丰富故事和经验。你知道和记住的越多，你就越能把这些想法融入你的教学和游戏中。

从家长的视角评价你的课堂，有没有任何结构或价值观方面的因素不经意间造成了机会的不平等或阻碍儿童取得成功（NAEYC，2020；Wright，2011）？

有些阻碍可能是隐性的，例如，扮演领导角色的人里缺少家长代表，或者课程计划和反馈中缺乏家长参与（Hernandez et al., 2017; Pratt, Lipscomb & Schmitt, 2015）。要保证家长成为儿童学习中的重要伙伴，决策制定中的积极参与者，以及满足儿童需要的共同倡导者。

乐享关系本位的教与学

安斯卡和基拉比较杰伊·加内特的《往返月球》(To the Moon and Back, Jaye Garnett)与克里斯蒂娜·恩格尔的《宇航员》(Astronauts, Christiane Engel)中的宇航员。"这个宇航员有一根线连着宇宙飞船。"安斯卡说。"这样他们才能呼吸。但是，这个家伙没有，"西尔维老师指着插图说道，"你们看到系在宇航员背上的箱子了吗？在这本书里，宇航员背着一个便携式空气箱，这样他在太空行走的时候就能呼吸了。但是在这幅画里，宇航员通过一根管子和宇宙飞船连在一起。这根管子把新鲜空气从飞船输送到他们的面罩里。"安斯卡问："你有绳子吗？我们能把我们的宇航员系到他们的飞船上吗？然后，他们就能呼吸了。"

西尔维老师找来绳子，仔细地把用乐高积木搭建的小人系到飞船上。绳子滑落，她又系好。安斯卡说："好吧。有时候你不得不一直努力。"西尔维老师微笑着说："是的。耐心对于宇航员来说是一项良好的技能。"女孩们专心致志地观察着。西尔维老师说："现在，你们知道宇航员在太空中是怎样呼吸的了。""是的，"基拉说，"他们需要空气。"

西尔维老师知道女孩们喜欢学习太空旅行方面的内容。她和图书管理员合作选择了相关的图书与海报。她在女孩们阅读、谈论的时候仔细地观察她们。西尔维老师利用教学时间回答她们的问题。

相互尊重的关系能促进儿童的学习。尊重包括当儿童阅读和游戏的时候注意他们的需要并敏感地予以回应。这意味着要回应儿童的问题，并对他们表现出耐心和给予他们鼓励。

近十年来，越来越多的研究记录了师幼关系与儿童的学习、发展之间的联系。教师、家长和儿童之间的积极互动为儿童的学习奠定了三个维度的基础，并为儿童的学习创造了最佳的条件。亲密且支持性的关系：

- 为儿童的学习创造了条件，并能预测儿童的社会技能、自我调节能力和入学准备情况（Graziano et al., 2016; Jones, Bub, & Raver, 2013）；
- 提高了儿童面对生物或环境风险因素时的韧性，对儿童的学习和发展有着重要的积极影响（Moen et al., 2019）；
- 把教师和家长联系在一起，为儿童取得成功提供了各种资源和经验（Nitecki, 2015）。

当你做下面这些事时，你会对儿童的学习产生很大的影响。

- 仔细观察儿童的游戏并引入想法和对话来促进儿童的学习。
- 和儿童谈论他们的家人以及他们在家经历的事。
- 鼓励儿童通过讲述故事和创作艺术作品来反映家庭生活和经历。
- 和家长一起规划学习主题和制订活动计划，要求他们参与课堂活动、班级事务、图书阅读以及信息分享等。
- 确定应该在日常交流、简报和家长会议中与家长分享儿童学习的哪些方面。
- 支持儿童运用你从家长那里学到的特定策略。
- 聚焦于观察儿童的某种技能，因为儿童的家人请求你鼓励儿童发展这种技能。
- 分享真实性评价信息并向家长解释儿童的进步。
- 讨论筛查结果，鼓励家长寻求其他的信息和支持。
- 选择用于课堂展示的内容，向家长表明儿童都在学习些什么。
- 为游戏区选择那些能反映儿童的家庭和社区经验的材料。
- 和同事就家长的情况进行交流，就如何满足儿童的需要进行头脑风暴，从而想出积极的解决办法。
- 使用儿童家庭中的说法、故事和经验解释新词语的意义，把新想法和儿童的生活联系起来。

你每时每刻的决定、行动和话语提供的不仅仅是一个安全的、愉快的学习场所，你传达的信息对儿童如何认识作为学习者和课堂贡献者的自己有重要的影响。"当儿童从周围人的脸上、话语和行动中看到自己的价值时，他们就理解了他们与这一切联系在一起是值得的"（Fox，2019：10）。

教学小贴士：和同事交流

和同事进行建设性的交流会影响你的计划和教学。你们的成功依赖你们相互之间的信念、投入、思维方式和倾向，这些都会影响你们的日常决策。为了使每一天平稳度过，你们需要信任与合作。你们要经常查看和讨论事情的进展情况。你们要分担责任以确保每个儿童都得到适当的支持、激励和照护。你们每一个人都要依靠他人的反馈和见解来评价自己的计划与教学的有效性。

如果想有效地计划活动，并成功应对课堂中繁忙的动态过程，那么你们就必须对接下来要做什么拥有相似的预期。如何协调任务？哪一项责任要分担？当向新的活动过渡时，你要如何让儿童参与？每个人要支持哪些儿童获得安全感和舒适感？你需要对儿童及彼此保持敏感，注意到每时每刻都需要什么。下列策略将使你的交流更积极有效。

使用客观的语言。当你希望得到同事的反馈来帮助你更好地理解某项挑战或者当你想尝试某些新东西时，不要评判你的进展。只需要分享你已经做了什么，问有没有其他想法即可。比如，你可以说："我已经把计数材料放入数学区，要求孩子们匹配材料和图片。我还能添加些什么来引发更棒的数学游戏呢？"

不断听取反馈。当你开始在你的活动计划上添加内容时，让它成为一个合作努力的过程吧。"我写了两个新活动并且列出了材料和问题。但当我尝试的时候，我落下了一步。你会做些什么来让自己按计划执行呢？"向其他人学习会启发你产生精彩的点子，使教学更加有趣。

寻求帮助。当你在教室里和其他成人一起工作时，可以计划尝试新的活动，或者增加不一样的策略。试着快速开启对话。例如，"我喜欢我们的过渡方式，但是我不知道我们是否能加一首新歌。你怎么看？你会帮我做这件事吗？""我看了一个有关数学谈话的视频，看到教师要求儿童描述形状的方式非常特别。你要看一看吗？看看我们能不能也做同样的事。"当你得到他人支持的时候，你会更有可能取得成功。

抓住现在。当你需要解决困难或问题时，不必非要回忆过去，只要描述你今天看到的事情就好了。"我注意到孩子们对娃娃家里的材料反应不佳。我不知道更换一些新材料会不会有帮助。你注意到了些什么？"当你聚焦于刚刚发生的事情或事件时，让对话进行下去会变得很容易。这种方式能帮你快速找到有效的解决方法。

做笔记。活动计划是记录下一次要做些什么的完美载体。在一天结束的时候，描述哪些方面进展良好，列出下次你想改变的事情。例如，"提前把书拿出来""把问题打印在 10 厘米 ×15 厘米的卡片上"或者"添加更具挑战性的材料以保证儿童参与"。告诉你的接班教师或同事，你正在做笔记，问他们关于下一次活动的建议。他们的建议对你的教学来说将是无价之宝。

设定目标，确定优先项并分享进步

卡莉的妈妈洛蕾塔解释说："卡莉和她的妹妹卡米拉从小就上同一所幼儿园。当我们搬到这个州时，卡莉在学前班就读，而卡米拉在另一所幼儿园就读，对此我很担心。你认为卡莉和其他儿童处在同一水平吗？她现在表现得怎么样？"

卡莉的老师伊莱娅深思熟虑后回答道："我能理解你的担心。同胞姐妹一起上学放学的确有好处。搬家对所有人来说是一个巨大的变化。在这间教室里，卡莉适应得非常好。你能看到她是如何加入同伴的游戏的。卡莉正学习指认和识别字母。当我们下周见面的时候，我会向你展示她有关马的故事和绘画作品。她非常渴望你能看到她的作品。"

伊莱娅老师的目标是安抚洛蕾塔，让她确信卡莉对班级环境适应良好。她知道，搬家和更换学校后洛蕾塔不确定新学校是否和卡莉之前的学校匹配。在和伊莱娅老师谈过话后，洛蕾塔对卡莉的进步有了信心。伊莱娅老师计划在家长会上分享更多的信息。

当你和家长会面的时候，你可能感到有很多想法和事情想与家长说，而家长会的时间短暂，并不能让你分享如此多的事情。你如何决定什么该分享，什么该保密呢？对于想了解孩子的学习情况的家长来说，哪些内容是重要的呢？活动计划如何帮助你更好地和家长交流呢？

开家长会的目的是交流有关儿童的信息。你要做的是分享教室里发生了什么，了解儿童的家里发生了些什么，庆祝每个儿童取得的进步。你要识别出儿童需要额外支持的领域。你从基于儿童优势的视角描述儿童的进步，分享你为了支持儿童的新技能而采取的办法。当你定期和家长分享每周的活动计划时，这就为你们进行有意义的交流提供了背景和基础。

家长关心他们的孩子，希望与你一起度过的这段时间用于肯定和庆祝孩子的成长。所有的信息都可以从基于儿童优势的角度被分享，甚至在儿童的某个发展领域需要集中支持的情况下也是如此。你要向家长指出，每个孩子都是独特的，技能以预期的方式形成，有些发展领域会领先于其他领域的发展。你要提醒他们，儿童在3—5岁期间的发展可能是不同步的，各种技能会随着语言能力、自律水平和身体协调能力的提高而逐步整合和稳定。

你要向家长传递的最重要信息是：你会致力于促进儿童的健康发展、使他们在学习方面取得成功以及适应集体环境。第二个信息是你和家长在支持儿童的成长上是伙伴关系，你要花时间和家长一起交流以充分了解儿童，进而为儿童提供最好的支持。你要识别儿童热衷于哪些特别的技能、兴趣和主题。当家长对儿童某一方面的发展担忧时，你要采取步骤搜集信息，与家长共同制定目标来支持儿童，让家长在离开的时候受到鼓舞，并对他们的孩子正在取得的进步感到安心。

发展和学习领域

你可以根据儿童的发展和学习领域来安排和家长在一起的时间。你一定想提供儿童在社会情感学习、语言和读写、数学概念、科学、社会研究、个性发展、身体发展、健康和营养以及创造性艺术方面的新情况。家长想听到儿童在学些什么，因此简要地介绍自你们上次会面以来开展的项目、活动和主题会很有帮助。可以向家长展示儿童档案袋里的材料，它们记录了儿童完成任务的情况。重要的是，要向家长展示儿童已经取得的进步。

针对儿童的身体发展情况，积极地表述能让家长理解儿童的优点和正在形成的技能，例如，"我注意到，简已经有了更大的自信去尝试新的户外活动。她玩呼啦圈玩得很好，对荡秋千和滑滑梯充满热情。"当你分享具体领域的时候，可以问家长："你注意到简在家的时候身体发育情况有什么变化吗？在你看来她的优势和困难是什么？"要做笔记，以便家长明白你正在记录他们的贡献。

针对儿童的个性发展情况，说："简对于自己能把东西放进她的小隔间感到自豪。她还是会在穿上衣方面受挫，但你应该看到了，当她自己拉上拉链时她非常兴奋。告诉我她在家的情况是怎样的。"家长提供的信息会帮助你了解如何更好地支持儿童。通过询问家长在家看到了什么，他们可以向你介绍他们关注的领域，或者他们想要你予以支持的技能。这是一种消除做判断的恐惧，把注意力放在儿童所取得的进步上的好办法。这样一来，你可以说："我非常愿意和简一起努力进行更长时间的阅读（或者把她的东西放好，或者说'请'和'谢谢你'）。"在大多数情况下，家长会把你的注意力带到儿童需要额外支持的领域。你一定要记得询问儿童的优势和兴趣。

当儿童的发展不平衡时，有时家长会问这样的问题："我担心她说话不如其他孩子多。""我注意到他的精力过于旺盛，不容易平静下来。""你认为，我需要关注托尼亚哪些方面的发展呢？"对于这些直接的问题，你可以用令人安心的语言以及通过提供客观的信息来回答。

对于家长提出的有关儿童语言发展的问题，你可以这样回应："我看到达里亚正在这方面取得进步。接下来的几周我会注意一下这方面，下次会面的时候我们可以再次讨论这个问题。"如果你还没有和家长讨论这一问题，或者还没有搜集数据，那么最好制订一个行动计划来仔细观察这名儿童。如果你对答案很确定，那么你可以说："我发现达里亚和小朋友们互动得很好，并且很善于表达自己。"如果你对答案不确定，或者家长提出了一个你正在思考的问题，那么你可以简单地说："非常感谢你提的问题。我会记录达里亚的反应，这样你就能看到他在集体环境中与他人互动的情况了。"

大多数学区和幼儿园都要求对所有学前儿童进行早期筛查。如果你所在的幼儿园没有对儿童做筛查，而家长想要立即得到更多信息，那么合适的做法是推荐家长去找儿科医生来处理发展领域方面的问题。如果你认为儿童会从额外的筛查中受益，那么你需要在你已经搜集到了客观数据，从而可以有根有据地向家长展示你观察到的现象以后再向家长提出建议。经常出现的情况是，家长会把你的注意带到他们对孩子发展的担忧上，在这种情况下，你们可以一起合作制订一个计划。你要遵循课程、学校或组织所提供的指南。

当家长问他们是否应该为儿童的某个发展领域担忧时，你需要先对他们提出问题表达感谢。接下来，你可以说："关于这方面请再说说。你在家里或校外看到了些什么让你担忧？"然后，说："你想让我做些什么来为孩子提供支持呢？"你可能会不假思索地想出一个计划并告诉家长，最好不要这样做。反过来，问他们想要你做什么才对。通常他们会提出具体的想法，你可以将其纳入行动中。

在大多数情况下，你可以让家长放心，你没有看到他们担忧的事对于集体环境中的儿童造成困难。当你确实看到某一发展领域对儿童构成挑战时，可以向家长解释你的想法："我们知道儿童的行为和学习经常需要得到我们共同的支持。有时儿童需要口头语言或社会技能方面的支持。有时，他们需要自我调节或组织能力方面的支持。这些技能中的每一种都能得到加强。我们会一起努力支持你的孩子提升能力。"当儿童的行为需要得到支持时，一次只针对一种技能，并且要具体。例如，你可以说："我们会支持亚奇进餐时在桌边待足5分钟，你在家里也可以这么做。""我们在学校会鼓励杰登发展对阅读的兴趣，你在家也可以每天给他读几分钟的书。"

如果儿童存在令人持续担忧的发展领域，那么教师要先确保已经采取了所有的行动去调整环境、支持水平和材料。其次，建立这样的预期，即讨论早期干预服务是班级的一个常规。当你定期和所有家长分享有关早期干预服务、视力和听力筛查以及其他支持儿童发展的资源时，你就形成了这些服务对所有家庭都重要的思维方式。每个月重点强调几个社区项目，并且经常向所有家长分发传单和打印资料。然后，当你在家长会上分享或再次分享这些信息时，它们就不会显得那么突兀。

当你已经记录了儿童的进步并遵循个别化教育计划的程序时，家长会也应该遵循同样的步骤。你们将会分享儿童所取得的进步，认可儿童的独特性和优点，讨论对儿童技能发展的支持。搜集来自家长的信息，问问题，听取他们的想法和建议，这些都是成功的重要组成部分。

在你结束会议之前，感谢家长对他们的孩子的奉献和付出，感谢他们和你谈话。向他们保证，你会尽一切可能支持他们孩子的发展和学习。安排好时间在下次会议上再次讨论任何具体的问题。表达你渴望在下次会议上见到他们。

所有家长都应该知道能联系到你的最好办法和时间。在家长离开的时候，要确保把你的联系方式和下次会议的日期告诉他们。他们可能已经有这些信息了，但是会很高兴收到这样的提醒。你想要传达的是，家园沟通对教学的成功至关重要。围绕活动计划来安排会议的顺序，是使其发挥作用的极好途径。

项目领导应该优先考虑家长参与，并为家长参与（包括家长会）提供热情、包容的机会。在你介绍项目期间，家长应该了解到，参与是孩子成功的学习经验中必不可少的组成部分。当家长感到对项目和课堂活动而言自己是受欢迎的时候，例行教师会议就和这种关系本位的方式相一致了。有关加强家长参与的更多信息，可以参考马斯特森等人的研究（Masterson et al., 2019）。

平衡点：自我调节和行为

理解儿童的学习发生的背景对你和家长的交流至关重要。当家长问及儿童的行为、注意力或精力水平时，第一步是鼓励他们帮助儿童形成健康的生活习惯，包括积极锻炼、吃健康又有营养的食物、保证充足的睡眠和限制屏幕使用。这些因素会影响儿童在课堂上发挥作用的能力和充分利用时间的能力。分享每周提示，让家长指导孩子的健康是你最优先考虑的事项。

超过一半的美国儿童在主动游戏中没有得到所需的运动量（AAP，2018c）。研究显示，儿童每天需要2小时或2小时以上的激烈运动，并且比起室内游戏，户外游戏可以引发更为主动的游戏活动（AAP，n.d.）。幼儿每天需要至少3小时的主动游戏，或者在集体环境中每小时需要有15分钟的主动游戏（Pate & O'Neill，2012）。有多项研究表明，充足的激烈运动对儿童的自我调节能力和学习有积极的影响，同时能减少儿童注意力不集中和容易冲动的问题（Cerrillo-Urbina et al.，2015；Honig，2019；Pan，2018）。

除了锻炼，儿童还需要充足的睡眠、营养和刺激。给儿童的睡眠建议是：3—5岁的儿童每天睡10～13小时（包括打盹）最有益于健康（AAP，2016a）。越来越多的证据表明，有必要保护儿童免受食物色素、化学添加剂和副产品对其发展与行为的负面影响（AAP，2018a）。在健康的饮食模式中，营养餐食包括蔬菜和水果、牛奶或奶制品、全谷物产品和蛋白质。美国农业部（USDA）提供了相关的营养标准，鼓励选择健康的食用油和低糖食物。最后一点是，儿童需要一个能够为认知和语言发展提供充足的刺激的教室环境。充足的语言营养对于促进儿童的学习、社会技能和认知发展是必不可少的（Zauche et al.，2016）。当儿童能好好休息，并参与多种多样有意义的学习活动时，他们就会对集体环境适应良好。

要鼓励家长限制儿童接触电子媒介的时间。给3—5岁儿童的建议是：每天最多看1小时高质量的节目（AAP，2018b）；在家里应该和家长一起看，并共同参与对内容的讨论。美国儿科学会（2016b）指出，"重要的是向家长强调，高阶思维技能和执行功能对于学业成功的重要性，任务坚持性、冲动控制力、情绪管理能力和创造性、灵活性的思维等最好通过非结构的和社会性（而非数字化）的游戏，以及具有回应性的亲子互动来培养"。

在幼儿园教室里，州认证标准可能会设定额外的限制，把儿童接触电子媒介的总时长限制在每周30分钟。如果不是有目的地使用，那么应该关掉电子媒介，在吃饭期间一定不能用，午睡前至少1小时应该避免使用电子媒介设备（AAP，APHA，& NRC，2019）。因为过多的电子媒介使用次数和电子媒介内容会损害儿童的语言、社会性和调节能力的发展，对儿童的行为产生负面影响，所以不应该用电子媒介来安抚儿童。这些指南并没有限制那些有着特殊的健康照护需要的儿童使用数字电子媒介，他们需要并长期使用辅助性、自适应的计算机技术。

以儿童为中心的活动计划是整体教学法的一部分，这种教学法用于满足儿童的认知、社会性、情感、身体和语言发展的需要。每天的日程安排和教学活动应该支持儿童的健康、幸福，创设为儿童的成功提供最优支持的环境。你懂得越多，你就能设计越多的游戏空间、常规和互动，让儿童更有效地参与其中。把教学和对儿童发展的深入了解联系起来，理解其背景，这能够帮助你和家长进行有意义的交流。

运用活动计划促进家长参与

马利的爷爷饶有兴趣地看着贴在教室门上的活动计划。他告诉贾妮斯老师："我看到你们正在认识后院的动物和他们的生活环境。我愿意给孩子们展示搭鸟巢。我有些材料，你们下周任何一个下午来都可以。"贾妮斯老师回答："如果对你来说没问题，周二最好。我保证会准备好鸟类识别方面的图书，还有鸟食。"马利的妈妈听到了对话，说："不用买鸟食，我家里有几包。我周一把它们带来。"

马利欣喜雀跃："我们正在做一个喂食器！"他的爷爷回应道："我下周来你们的教室。我们会制作一个新喂食器，把它挂起来。你可以帮我拿木头和工具。"

当你分享每日活动计划时，家长就会知道教室里正在进行什么，并能以实际的方式参与进来。贾妮斯老师班上的家长会来示范绘画、编织和科学实验。儿童的祖父母会定期过来给孩子们读书。她的父亲每个秋天都会来示范修剪草坪和园艺工具的使用，并解释它们是怎么工作的。她的教室是一个充满活力的地方，家长投入其中，为孩子们创造有意义的经验。

分享活动计划的策略

和家长分享你的活动计划和活动的方法有很多。除了打印出来的资料，你还可以选择各种各样的数字媒介（如有密码保护的班级网页或者社交媒体页面）来传播信息。你也可以用固定的博客和家长交流，发布照片和班级活动的视频。你可以用电子邮件分享现在以及接下来的计划。

有许多数字应用程序可以用于详细分享每日、每周和每月的计划。有些是课程公司制作的，你可以用来发布档案袋、照片、视频和整合性评价工具。你能很容易地分享时事、活动计划和其他信息。

此外，其他的家长沟通应用程序也提供了安全的交流渠道。这些工具让你可以分享活动计划、每日报告、紧急信息、出勤记录和照片、视频及数字文件。有些应用程序还提供了面对面视频通话的技术；有些则是作为日程助手，通过信息、照片和文件的上传来共享信息。

下面是一些让家长保持信息灵通，并为儿童的学习做出贡献的其他策略。

分享日历表。创建一个日历表，包括当年的重要日期、活动和家长活动，每月的核心概念和主题，以及在家学习的提示和家长参与课程的要求。公布你想要家长捐赠的材料，诸如空纸箱或卷筒芯。把这些信息添加到日历表上能帮助家长提前计划。你的日历表会反映你的教学随时间而变化的情况。

周工作总结记录单。每周准备一个工作总结记录单，记录内容包括书籍、话题或主题、活动区的学习目标（例如游戏目标）、新词汇以及儿童每天要探索的具体项目或材料的列表。在添加细节的时候，你可以按照内容或学习领域设计工作总结记录单。

活动计划。把每天的活动计划贴在教室的门上，家长在接送孩子的时候可以看。这便于家长询问孩子有关当天活动的问题（贴在门上的活动计划不应该包括书面反思笔记或针对特殊孩子的个别化目标）。活动计划可以使家长知道孩子们正在学习什么，理解他们正在如何学习。

儿童在家的活动。在每个活动计划的底部，增加一个"家庭学习链接"。无论活动是儿童主导的游戏、共享或生成的项目活动还是教师主导的活动，家长都会乐意尝试在家开展一些延伸活动。要考虑家长在家能用的材料和他们的生活环境。每周的"家庭学习链接"可以促使家庭形成新传统，同时拓展你想要予以强化的学习。以下方法可以鼓励家长参与跨越内容领域的活动。

- 行为举止、社会技能和个性发展。提供正面引导儿童的小技巧、本周倡导的行为举止以及开启对话的问题。例如，当儿童学习通过提问题来向他人学习时，可以和家长分享这些问题，如"你正在研究什么""你在回家的路上看到了什么"以及"你正在玩什么"；家长也可以鼓励孩子问问题。可以提供书单，要求书中人物示范的都是积极的社会技能。对家长而言，绝好的资源包括《积极指导儿童的101条原则——塑造回应型教师》和

《享受育儿过山车——在起起落落中培养孩子并赋予其力量》(*Enjoying the Parenting Roller Coaster: Nurturing and Empowering Your Children Through the Ups and Downs*, Marie Masterson & Katharine Kersey)。这些书可以和实践策略及信息一起打包，用于支持儿童在家的发展。

- 书单和阅读。分析书单和相关的问题，让孩子们进行思考。如果你发现孩子们喜欢某个特定的作者，那么你就可以把相关信息和网站提供给家长。

- 词汇发展。提供每周词语列表，要求家长在对话中使用上面的词语。例如，提供一个词语（如"美丽"）和句子（如"日落的景象是美丽的"），要求家长介绍表达同样意思的其他词语，如，"华丽""美好"和"精美"都有"美丽"的意思。又如，"大象很大"，表示"大"的其他词语还有"巨大""庞大""极大""超大"和"大规模"等。

- 科学和社会研究概念。要求家长帮助儿童搜集自然物，供儿童研究或添加到现有的班级收藏品中。鼓励家长在带领儿童到家附近散步时玩"我来猜"的游戏，教儿童有关狗的品种、鸟的种类、交通工具的名称或社区工作者的类型。提供用于探究的书籍和其他资源。

- 书写技能。要求家长写下儿童口述的故事。他们可以把书写用于实用的目的，如写购物清单、给奶奶写便条或者记下周末发生的故事。

- 日常生活中的数学概念。鼓励家长引导孩子在布置餐桌时数餐巾纸和餐具。鼓励儿童回答简单的数学故事问题，如："如果蚂蚁蒂利来访，我们需要多少把椅子？""斯波迪和弗拉菲一共有多少只脚？多少条尾巴？"建议家长在杂货店里让儿童参与数水果和农产品。提供数学和数数游戏，拓展儿童正在课堂上学习的内容。

- 使用松散性材料游戏。松散性材料是儿童可以进行连接、设计、组合、排列、堆叠或探索的开放性材料。和家长分享儿童在探索、分类、排列和描述各种物体时学习的技能，如发明、创造性思维、批判性问题解决能力、数学、语言、精细动作及艺术技能。松散性材料可以是自然物，如树皮、石头、豆荚、松果和小树杈，也可以是人造物，如纸筒、木头碎片、金属丝、空箱子、螺母和螺栓、布料、丝带、线绳和工具。

- 创意表达和启发灵感的项目。和家长分享儿童喜欢的创意项目和游戏。家长可以把报纸贴在墙上，把蛋彩画放在小桌上当画架；分享儿童在课堂上喜欢的歌曲、儿歌和手指游戏；提供有关不同类型音乐的网页链接，鼓励儿童在家聆听、唱和；还可以罗列当地社区的活动，如儿童戏剧、舞蹈、音乐和艺术活动等，鼓励儿童参与创意艺术。

你在与家长分享资源和建议时，也可以提供博物馆网站的链接。鼓励家长带领儿童去公园、图书馆和参与学习方面的活动。你的支持会提升家长的热情，推动他们参与到孩子的学习当中。

请家长就与儿童准备学习的主题相关的材料、活动、书籍和资源提出建议。当你组织生成课程时，邀请家长分享他们擅长的领域。邀请家长分享学习项目、自己的探索发现、社区活动和他们喜欢的图书。双向交流能推动孩子进步，树立共同学习是生活的自然组成部分的观念。

有用的提示：发挥积极影响的策略

你和家长进行积极的交流能够增强家长的信心和对你的信任。家长和儿童都会受益，但受益最大的是你，因为你可以据此调整你的计划，让它变得更有效。下面是充分利用你和家长之间的对话的一些策略。

主动反思。反思不仅仅是思考某个情境。它意味着你愿意接受新的思想和思维方式。它意味着你准备在新的发现的基础上采取行动、做出调整。反思使有效教学更有力量，因为持续的评价能够确保你始终对儿童保持灵活性和回应性。反思在对话前、对话中和对话后进行。

- 在对话开始之前，设定一个清晰的目标，比如："我想要得到的结果是什么？"
- 在对话的过程中问自己："我真的在听吗？我已经把自己的计划放在一边，听到家长想要告诉我的事情了吗？"当家长分享的时候，问："还有其他什么事是你想让我知道的吗？"有时候，最重要的事实存在于后面的补充里。

- 在结束对话后,考虑:"哪里做得好?我还能说些什么或做些什么?"
- 做笔记,写下日期、时间、详细的目标、后续步骤和你们下次会面的计划。

成为支持者。探索家长可以获取的社区学习资源,比如:"周六诺亚有一个很棒的图书馆故事时间。""我在公园里发现一门 STEM 课程。""有一个专注于健康话题的儿科医生群。"制作家长可以获取有关儿童的身体和心理健康、儿童筛查和教育服务方面的小册子。这些信息为儿童的成功提供了各种层次的支持。

把挑战重构为机会。自我效能感是指个体对于运用有效的策略创造积极的结果以及获得成功的预期和信心(Fisher & Seroussi,2018)。它需要一种积极的、有目的的思维方式,把问题重构为机会。这种思维方式可以在肯定性的话语中反映出来。比如,"这对我们来说是重新思考利亚姆所需的挑战水平的绝好机会。""这对我们来说是个好时机,可以一起努力支持凯的艺术技能发展。""让我们利用接下来几周的时间和萨米尔玩数学游戏。我相信这会起大作用。"积极的期望是通向成功的道路。

确定共同目标。家长和你都想让儿童善良、友好、足智多谋。你想让他们变得有能力、有创造性。你可以问问家长"你对孩子有什么目标",接下来的问题是"我们能采取哪些步骤达到那些目标"。你要肯定家长分享的内容,比如,你可以说:"谢谢你告诉我更多有关科鲁兹的事。我希望提供支持来达到这些目标。"

透过儿童的眼睛来看。评价儿童的进步时要问:"儿童对这一经历的看法和感受如何?""我还能做些什么来培养这个孩子的优点?""我能做些什么帮助家长支持这个孩子的技能发展?"你的目标是把你对儿童的健康、发展和幸福的影响最大化。

活动计划案例
——家长访谈问题

当你准备和家长会面的时候，访谈问题会帮你考虑他们的视角、关注点和对孩子的希望。想想如何邀请他们进入一个安全、舒适的空间，建立相互尊重的关系以及对孩子成功的共同愿景。下述策略会帮助你准备、掌控复杂的交流过程，增强儿童和家长的学习经验。

回顾基本信息。 和健康有关的信息（如过敏、特殊需要、医疗问题、用药和特别的程序）对教学很重要；然而，这些信息在儿童入园注册时就要求家长提供了。对于由州和联邦政府资助的幼儿园而言，母语调查、发展筛查信息、特殊教育初始评估、无家可归状态，以及儿童福利获得情况也是记录的一部分。在你计划如何有效地支持每个儿童的适应问题和成功时，这些信息提供了重要的背景。

保存交流记录。 尽管你可以对家长进行书面或线上的调查，但面对面询问每一个问题仍然非常重要。要对你们的对话做笔记，包括你们谈话的日期和与你谈话的人是谁。详细地记下决定、协议和计划。保存记录以便你回顾、反思对话，追踪进展。

保护专业信心。 尽管和你所服务的家长建立友谊可能是很诱人的想法，但保持专业的边界会提升你的工作质量。保持客观性，遵守保密原则，这会使你在做的每件事上得到回报。重要的是，你会和家长建立信任关系，帮助家长感受到，你们在投身孩子的学习方面"保持同步"。

下面是和家长交流方面的案例材料。"家长访谈问题"（表6.1）和"周总结记录单"（表6.2）展示了如何与家长分享儿童正在教室里学习的东西。你可以将这些资源添加到自己的方法中，或者加以调整，融入个人的创意和关注。家长问题的设计意在鼓励你与家长进行有意义的对话，为家长提供多种多样的途径来告诉你他们的孩子的情况。总结记录单呈现的是家长支持儿童在家学习的积极步骤。和家长进行的有效书面交流可以是简明扼要的，但要配以他们能够利用的、对他们有帮助的启示和想法。你知道的越多，你就越能在家长的参与下增强活动的计划能力和教学能力。

家长访谈问题

表 6.1　家长访谈问题
（这些问题的设计意在鼓励教师和家长就儿童进行有意义的对话）

儿童姓名

家庭成员

日期

☐ 给我讲讲您的孩子。您注意到他有什么优点和正在形成的技能？
☐ 您的孩子最喜欢和家人一起做什么活动？
☐ 谁是孩子生活中的重要人物？
☐ 孩子在家承担什么责任或者任务？
☐ 您的孩子最感兴趣和最喜欢的图书、人物、装扮活动或游戏是什么？
☐ 您为孩子制定的学习目标是什么？您想让我激励他发展哪些技能、优点和天赋？
☐ 您是否希望我观察、注意或强化孩子某些具体的行为或兴趣？
☐ 关于孩子的学习或发展，您有什么担心吗？
☐ 我应该了解家中或其他环境中的哪些变化，以便对您的孩子保持敏感和为他提供支持？
☐ 在您的孩子的发展和学习方面，您还有其他的事情需要我知道或支持的吗？

其他记录

周总结记录单

表 6.2　周总结记录单
（一种和家长交流儿童正在课上学习什么的方法）

周总结记录单 4/15

本周我们探索了社区工作者的工作。我们的目标是帮助儿童思考安全、健康和幸福，以及社区成员怎样一起工作，互相照顾。孩子将要了解人们制造的物品（产品）以及他们提供的服务。他们将学习识别工作人员之间的不同和相似之处。

标准

PK.SOC.3d：认识到所有儿童和成人在家中、在学校以及在社区都有角色，享有权利并承担义务。

PK.SOC.3d：认识到人们依赖社区工作者来获得货物和服务。

PK.AC.2a：提出有关某个物品、一次活动或经历的问题。

家庭教育重点

本周，和你的孩子一起寻找社区工作者。你们可以到超市访问烘焙师或产品经理。你们可以在去市区的路上观察公交车司机。花几分钟来观察一下。

接下来，问孩子三个问题：

1. 这个人做的是什么工作？
2. 这个人有什么责任？
3. 谁会从这个人的工作中受益或者得到帮助？

所附的卡片用于为苏珊·米德尔顿·伊莱亚的《火！火焰！勇敢的消防员》（*Fire! Fuego! Brave Bomberos*，Susan Middleton Elya）里的活动排序。

要求你的孩子指着图片复述故事。

课堂教学重点

周一 / 书籍：《火！火焰！勇敢的消防员》

戏剧游戏概念：有勇气拯救宠物；利用计划和同伴一起工作。

词汇：勇气，乐意效劳，牺牲，警告，安全，团队合作，保护装置，熄灭。

周二 / 书籍：《投递你的邮件》（*Delivering Your Mail*，Ann Owen）

戏剧游戏概念：分类并投递邮件，做标签、买邮票，把信和包裹送给家人。

续表

词汇：分类，路线，运送，车子，信息。

周三 / 书籍：《医院里的社工》(*Community Helpers at the Hospital*, Mari Schuh)
戏剧游戏概念：入住医院，给予并接受照顾，学习有关健康和安全的内容。
词汇：医生，护士，护理人员，病人，X光，志愿者，礼品店，康复。

周四 / 书籍：《弗里达·卡罗和她的动物》(*Frida Kahlo and Her Animalitos*, Monica Brown)
戏剧游戏概念：艺术家用图画记录和讲述有关社区和家庭生活的故事。
词汇：记录，蜘蛛猴，鹦鹉，小鹿，海龟，火鸡，传统，墨西哥城。

周五 / 书籍：《墨西哥辣椒百吉饼》(*Jalapeño Bagels*, Natasha Wing)
戏剧游戏概念：食物把我们和我们的家人、朋友联系在一起，食物创造了愉快的记忆并让身体强壮，社区烘焙师为人们进餐和庆祝活动提供食物。
词汇：墨西哥甜面包，翻转南瓜，一批，配料，揉面，混合物。

链接全美幼教协会《早期学习项目认证标准和评价细则》

全美幼教协会标准1——关系，记载了必要的实践能力。标准1.A——在教师和家长之间建立积极的关系强调了教师和家长之间关系的重要性，需要教师进行持续的沟通并对家庭的多样性保持敏感。必不可少的要素包括：了解儿童的需要，理解家长如何定义他们的种族、文化、宗教、母语和家庭结构，始终让家长熟知儿童的进步，向家长了解儿童在家的经历，分享有关常规、规则和期望的实用信息。

标准7——有关家长的标准包括三个方面：7.A，知道并理解幼儿园所面向的家庭；7.B，在教师和家长之间分享信息；7.C，把家长培养成他们的孩子的支持者。标准指出，"教师和家长之间最真实的伙伴关系，只有当幼儿园工作人员通过使家长能够有效地支持他们孩子的需要的方式来与家长分享他们的专业知识和经验时才会形成"（NAEYC，2018，p.96）。

标准 8——社区关系聚焦于和社区建立联系以提升教学、幼儿园的活力以及家庭的优势。这当中包括为在文化或语言方面有特殊需求的家庭提供的信息，以及支持儿童学习和发展的资源链接。标准 8.8 解释了如何扩展课堂边界，通过整合社区的文化、商业、社会和教育资源丰富课程。

通过整合家庭的资源和优势，你的活动计划和教学将会发生变化。和家长的有效交流将会让你以更有意义的方式支持儿童。你将能够让活动计划个性化，确保每个儿童都能成功。当你制订了有效的活动计划并用以儿童为中心的教学激活你的课堂时，你的教学将发生转变。

反思性问题

1. 当你和家长谈话时，你发现什么策略最有效？
2. 在与家长讨论儿童的那些需要额外支持的具体发展或学习领域时，你面临哪些挑战？在这个过程中，你对家长的需求有什么了解？
3. 你将如何运用本章中的策略来和家长建立更有意义的联系？

参考文献

前言

Encyclopedia Britannica, s.v. "machine." n.d. Accessed October 1, 2020.

NAEYC. 2018. "NAEYC Early Learning Program Accreditation Standards and Assessment Items." Washington, DC: NAEYC.

NAEYC. 2020. "Developmentally Appropriate Practice." Position statement. Washington, DC: NAEYC.

第一章 为教学奠基

Administration for Children and Families, Office of Child Care. n.d. "Ratios and Group Sizes." Accessed October 1, 2020.

Barblett, L., M. Knaus, & C. Barratt-Pugh. 2016. "The Pushes and Pulls of Pedagogy in the Early Years: Competing Knowledges and the Erosion of Play-Based Learning." *Australasian Journal of Early Childhood* 41 (4): 36–43.

Bennett, S., A.A. Gunn, G. Gayle-Evans, E.S. Barrera & C.B. Leung. 2018. "Culturally Responsive Literacy Practices in an Early Childhood Community." *Early Childhood Education Journal* 46 (2): 241–248.

Berke, J. 2016. "The Importance of Play and So Much More: What I Learned from Bev Bos." *Exchange* 229 (May/June): 45–47.

Bornstein, M.H. 2013. "Parenting and Child Mental Health: A Cross-Cultural Perspective." *World Psychiatry* 12 (3): 258–265.

Brown, V. 2017. "Drama as Valuable Learning Medium in Early Childhood." *Arts Education Policy Review* 118 (3): 164–171.

BUILD Initiative. 2019. "Building Early Childhood Systems in a Multi-Ethnic Society: An Overview of Build's Briefs on Diversity and Equity."

Calzada, E.J., K.-Y. Huang, M. Hernandez, E. Soriano, C.F. Acra, S. Dawson-McClure, D. Kamboukos, & L. Brotman. 2015. "Family and Teacher Characteristics as Predictors of Parent Involvement in Education During Early Childhood Among Afro-Caribbean and Latino Immigrant Families." *Journal of Urban Education* 50(7): 870–896.

CAST (Center for Applied Special Technology). 2019. "About Universal Design for Learning."

Chapman de Sousa, E.B. 2019. "Five Tips for Engaging Multilingual Children in Conversation." *Young Children* 74 (2): 24–31.

Cushner, K., & S.-C. Chang. 2015."Developing Intercultural Competence Through Overseas Student Teaching: Checking Our Assumptions." *Intercultural Education* 26 (3): 165–178.

Cutter-Mackenzie, A., & S. Edwards. 2013. "Toward a Model of Early Childhood Environmental Education: Foregrounding, Developing, and Connecting Knowledge through Play-Based Learning." *Journal of Environmental Education* 44 (3): 195–213.

Degotardi, S. 2017. "Joint Attention in Infant-Toddler Early Childhood Programs: Its Dynamics and Potential for Collaborative Learning." *Contemporary Issues in Early Childhood* 18 (4): 409–421.

Dinnebeil, L.A., M.B. Boat, & Y. Bae. 2013. "Integrating Principles of Universal Design into the Early Childhood Curriculum." *Dimensions of Early Childhood* 41 (1): 3–14.

ED (US Department of Education) & HHS (US Department of Health and Human Services). 2015. "Policy Statement on Inclusion of Children with Disabilities in Early Childhood Programs."

Edwards, S. 2017. "Play-Based Learning and Intentional Teaching: Forever Different?" *Australasian Journal of Early Childhood* 42 (2): 4–11.

Foley, G.M. 2017. "Play as Regulation: Promoting Self-Regulation Through Play." *Topics in Language Disorders* 37 (3): 241–258.

Gadzikowski, A. 2016. "Everyday Differentiation: How Administrators Support Differentiation of Curriculum and Instruction in Early Childhood Classrooms." *Exchange* 227 (Jan/Feb): 12–16.

Gibbs, C. 2005. "Teachers' Cultural Self-Efficacy: Teaching and Learning in Multicultural Settings." *New Zealand Journal of Educational Studies* 40 (1/2): 101–112.

Guo, K. 2015. "Teacher Knowledge, Child Interest, and Parent Expectation: Factors Influencing Multicultural Programs in an Early Childhood Setting." *Australasian Journal of Early Childhood* 40 (1): 63–70.

Hamlin, M., & D.B. Wisneski. 2012. "Supporting the Scientific Thinking and Inquiry of Toddlers and Preschoolers Through Play." *Young Children* 67 (3): 82–88.

Hedges, H., & M. Cooper. 2018. "Relational Play-Based Pedagogy: Theorising a Core Practice in Early Childhood Education." *Teachers and Teaching* 24 (4): 369–383.

Jacobsen, W.C., G.T. Pace, & N.G. Ramirez. 2019. "Punishment and Inequality at an Early Age: Exclusionary Discipline in Elementary School." *Social Forces* 97 (3): 973–998.

Julius, G.D. 2018. "Dual-Language Learners: An Emerging Topic of Research that All Educators Should Watch." *Exchange* 243 (Sept/Oct): 55–58.

Karabon, A. 2017. "They're Lovin' It: How Preschool Children Mediated Their Funds of Knowledge into Dramatic Play." *Early Child Development and Care* 187 (5/6): 896–909.

Kinsner, K. 2019. "Rocking and Rolling. Fresh Air, Fun, and Exploration: Why Outdoor Play Is Essential for Healthy Development." *Young Children* 74 (2): 90–92.

Kucharczyk, S., M.A. Sreckovic, & T.R. Schultz. 2019. "Practical Strategies to Promote Reflective Practice When Working with Young Children with and At-Risk for Disabilities." *Early Childhood Education Journal* 47 (3): 343–352.

Lillard, A.S., M.D. Learner, E.J. Hopkins, R.A. Dore, E.C. Smith, & C.M. Palmquist. 2013. "The Impact of Pretend Play on Children's Development: A Review of the Evidence." *Psychological Bulletin* 139 (1): 1–34.

Lohmann, M. 2017. "Preparing Young Children for the Inclusion of Children with Disabilities into the Classroom." *NAEYC* (blog), July 25.

Madrid Akpovo, S. 2019. "Uncovering Cultural Assumptions: Using a Critical Incident Technique During an International Student-Teaching Field Experience." *Contemporary Issues in Early Childhood* 20 (2): 146–162.

Massing, C., A. Kirova, & K. Henning. 2013. "The Role of First Language Facilitators in Redefining Parent Involvement: Newcomer Families' Funds of Knowledge in an Intercultural Preschool Program." *Canadian Children* 38 (2): 4–13.

McKee, A., & D. Friedlander. 2017. "Access, Accommodation, and Attitude." *Exchange* 235 (May/June): 88–94.

NAEYC. 2018. "NAEYC Early Learning Program Accreditation Standards and Assessment Items." Washington, DC: NAEYC.

NAEYC. 2020. "Developmentally Appropriate Practice." Position statement. Washington, DC: NAEYC.

Nilsson, M., B. Ferholt, & R. Lecusay. 2018. "'The Playing-Exploring Child': Reconceptualizing the Relationship Between Play and Learning in Early Childhood Education." *Contemporary Issues in Early Childhood* 19 (3): 231–245.

Peguero, A.A., Z. Shekarkhar, A.M. Popp, & D.J. Koo. 2015. "Punishing the Children of Immigrants: Race, Ethnicity, Generational Status, Student Misbehavior, and School Discipline." *Journal of Immigrant and Refugee Studies* 13 (2): 200–220.

Rasaol, C., J. Eklund, & E.M. Hansen. 2011. "Toward a Conceptualization of Ethnocultural Empathy." *Journal of Social, Evolutionary, and Cultural Psychology* 5 (1): 1–13.

Siraj-Blatchford, I. 2009. "Conceptualizing Progression in the Pedagogy of Play and Sustained Shared Thinking in Early Childhood Education: A Vygotskian Perspective." *Educational and Child Psychology* 26 (2): 77–89.

Spiewak Toub, T., B. Hassinger-Das, K.T. Nesbitt, H. Ilgaz , D.S. Weisberg , K. Hirsh-Pasek, R.M.

Golinkoff, A. Nicolopoulou, & D.K. Dickinson. 2018. "The Language of Play: Developing Preschool Vocabulary Through Play Following Shared Book-Reading." *Early Childhood Research Quarterly* 45 (4): 1–17.

Velez-Ibanez, C.G. 1988. "Networks of Exchange Among Mexicans in the U.S. and Mexico: Local Level Mediating Responses to National and International Transformations." *Urban Anthropology* 17 (1): 27–51.

Watts-Taffe, S., B.P. Laster, L. Broach, B. Marinak, C. McDonald Connor, & Doris Walker-Dalhouse, 2012. "Differentiated Instruction: Making Informed Teacher Decisions." *Reading Teacher* 66 (4): 303–314.

Whittingham, C.E., E.B. Hoffman, & J.C. Rumenapp. 2018. "It Ain't 'Nah' It's 'No'": Preparing Preschoolers for the Language of School." *Journal of Early Childhood Literacy* 18 (4): 465–489.

Whorrall, J., & S.Q. Cabell. 2016. "Supporting Children's Oral Language Development in the Preschool Classroom." *Early Childhood Education Journal* 44 (4): 335–341.

Wolf, E. 1966. *Peasants.* Englewood Cliffs, NJ: Prentice-Hall.

Yogman, M., A. Garner, J. Hutchinson, K. Hirsh-Pasek, & R.M. Golinkoff. 2018. "The Power of Play: A Pediatric Role in Enhancing Development in Young Children." *Pediatrics* 142 (3): 1–16.

第二章　让活动计划真正发挥作用

Bakker, A. 2018. "Discovery Learning: Zombie, Phoenix, or Elephant?" *Instructional Science* 46 (1): 169–183.

Blake, S. 2009. "Engage, Investigate, and Report: Enhancing the Curriculum with Scientific Inquiry." *Young Children* 64 (6): 49–53.

Cheatham, G.A., M. Jimenez-Silva, & H. Park. 2015. "Teacher Feedback to Support Oral Language Learning for Young Dual Language Learners." *Early Child Development and Care* 185 (9): 1452–1463.

Echevarría, J., M. Vogt, & D. Short. 2017. *Making Language Comprehensible for English Learners: The SIOP Model*. 5th ed. Boston: Allyn and Bacon.

Ertürk Kara, H.G., M.S. Gönen, & R. Pianta. 2017. "The Examination of the Relationship Between the Quality of Teacher-Child Interaction and Children's Self-Regulation Skills." *Hacettepe University Journal of Education* 32 (4): 880–895.

Espinosa, L.M. 2018. "Encouraging the Development and Achievement of Dual Language Learners in Early Childhood." *American Educator* 42 (3): 10–11, 39.

Fleer, M. 2010. "The Re-Theorisation of Collective Pedagogy and Emergent Curriculum." *Cultural Studies of Science Education* 5 (3): 563–576.

Hall-Kenyon, K.M., & A.A. Rosborough. 2017. "Exploring Pedagogical Relationships in the Context of Free Play." *Early Years* 37 (3): 326–337.

Hassinger-Das, B., K. Hirsh-Pasek, & R.M. Golinkoff. 2017. "The Case of Brain Science and Guided Play: A Developing Story." *Young Children* 72 (2): 45–50.

Hirsh-Pasek, K., R.M. Golinkoff, L.E. Berk, & D. Singer. 2008. *A Mandate for Playful Learning in Preschool: Presenting the Evidence*. New York: Oxford University Press.

Jones, S.M., K. Bub, & C.C. Raver. 2013. "Unpacking the Black Box of the Chicago School Readiness Project Intervention: The Mediating Roles of Teacher Child Relationship Quality and Self-Regulation." *Early Education and Development* 24 (7): 1043–1064.

Lessow-Hurley, J. 2013. *The Foundations of Dual Language Instruction.* 6th ed. Upper Saddle River, NJ: Pearson.

Lindo, N.A., D.D. Taylor, K. Meany-Walen, K.E. Purswell, K.M. Jayne, T. Gonzales, & L. Jones. 2014. "Teachers as Therapeutic Agents: Perceptions of a School-Based Mental Health Initiative." *British Journal of Guidance and Counseling* 42 (3): 284–296.

Lippard, C.N., K.M. La Paro, H.L. Rouse, & D.A. Crosby. 2018. "A Closer Look at Teacher–Child Relationships and Classroom Emotional Context in Preschool." *Child and Youth Care Forum* 47 (1): 1–21.

McNally, S., & R. Slutsky. 2018. "Teacher– Child Relationships Make All the Difference: Constructing Quality Interactions in Early Childhood Settings." *Early Child Development and Care* 188 (5): 508–523.

NAEYC. 2018. "NAEYC Early Learning Program Accreditation Standards and Assessment Items." Washington, DC: NAEYC.

NAEYC. 2020. "Developmentally Appropriate Practice." Position statement. Washington, DC: NAEYC.

New Jersey State Department of Education. 2014. *Preschool Teaching and Learning Standards.*

Nunamaker, R.G.C., W.A. Mosier, & G. Pickett. 2017. "Promoting Inquiry-Based Science Education." *Exchange* 238 (Nov/Dec): 38–42.

Osher, D., P. Cantor, J. Berg, L. Steyer, & T. Rose. 2020. "Drivers of Human Development: How Relationships and Context Shape Learning and Development." *Applied Developmental Science* 24 (1): 6–36.

Pianta, R.C., J.E. Whittaker, V. Vitiello, A. Ansari, & E. Ruzek. 2018. "Classroom Process and Practices in Public Pre-K Programs: Describing and Predicting Educational Opportunities in the Early Learning Sector." *Early Education and Development* 29 (6): 797–813.

Rodriguez, S., K. Allen, J. Harron, & S.A. Qadri. 2019. "Making and the 5E Learning Cycle." *Science*

Teacher 86 (5): 48–55.

Sawyer, B.E., P.H. Manz, K.A. Martin, T.C. Hammond, & S. Garrigan. 2016. "Teachers and Parents as Partners: Developing a Community of Practice to Support Latino Preschool Dual Language Learners." *Advances in Early Education and Day Care* 20: 159–186.

Sciaraffa, M.A., P.D. Zeanah, & C.H. Zeanah. 2018. "Understanding and Promoting Resilience in the Context of Adverse Childhood Experiences." *Early Childhood Education Journal* 46 (3): 343–353.

Stipek, D. 2017. "Playful Math Instruction in the Context of Standards and Accountability." *Young Children* 72 (3): 8–12.

Trundle, K.C., & M.M. Smith. 2017. "A Hearts-on, Hands-on, Minds-on Model for Preschool Science Learning." *Young Children* 72 (1): 80–86.

Watt, S.J., W.J. Therrien, E. Kaldenberg, & J. Taylor. 2013. "Promoting Inclusive Practices in Inquiry-Based Science Classrooms." *Teaching Exceptional Children* 4 (4): 40–48.

第三章　准备以儿童为中心的主题和游戏区

Bartlett, J.D., & K. Steber. 2019. "How to Implement Trauma-Informed Care to Build Resilience to Childhood Trauma." *Child Trends,* May 9.

Battaglia, G., M. Alesi, G. Tabacchi, A. Palma, & M. Bellafiore. 2019. "The Development of Motor and Pre-Literacy Skills by a Physical Education Program in Preschool Children: A Non-Randomized Pilot Trial." *Frontiers in Psychology* 9 (2694).

Bluiett, T. 2018. "Ready or Not, Play or Not: Next Steps for Sociodramatic Play and the Early Literacy Curriculum: A Theoretical Perspective." *Reading Improvement* 55 (3): 83–88.

Boylan, F., L. Barblett, & M. Knaus. 2018. "Early Childhood Teachers' Perspectives of Growth Mindset: Developing Agency in Children." *Australasian Journal of Early Childhood* 43 (3): 16–24.

Broughton, A., & M.B. McClary. 2019/2020. "9X: Creating a Culturally Responsive STEAM Curriculum." *Teaching Young Children* 13 (2): 8–11.

Bustamante, A.S., & A.H. Hindman. 2019. "Classroom Quality and Academic School Readiness Outcomes in Head Start: The Indirect Effect of Approaches to Learning." *Early Education and Development* 30 (1): 19–35.

Campbell, S.B., S.A. Denham, G.Z. Howarth, S.M. Jones, J. Vick Whittaker, A.P. Williford, M.T. Willoughby, M. Yudron, & K. Darling-Churchill. 2016. "Commentary on the Review of Measures of Early Childhood Social and Emotional Development: Conceptualization, Critique, and Recommendations." *Journal of Applied Developmental Psychology* 45 (July/Aug): 19–41.

Center on the Developing Child. n.d. "Executive Function and Self-Regulation."

Chatzipanteli, A., V. Grammatikopoulos, & A. Gregoriadis. 2014. "Development and Evaluation of Metacognition in Early Childhood Education." *Early Child Development and Care* 184 (8): 1223–1232.

Gerde, H.K., L.E. Skibbe, T.S. Wright, & S.N. Douglas. 2019. "Evaluation of Head Start Curricula for Standards-Based Writing Instruction." *Early Childhood Education Journal* 47 (1): 97–105.

Haimovitz, K., & C.S. Dwenk. 2017. "The Origins of Children's Growth and Fixed Mindsets: New Research and a New Proposal." *Child Development* 88 (6): 1849–1859.

Horn, E., & R. Banerjee. 2009. "Understanding Curriculum Modifications and Embedded Learning Opportunities in the Context of Supporting All Children's Success." *Language, Speech, and Hearing Services in Schools* 40 (4): 406–415.

Hughes, C.A., J.R. Morris, W.J. Therrien, & S.K. Benson. 2017. "Explicit Instruction: Historical and Contemporary Contexts." *Learning Disabilities Research and Practice* 32 (3): 140–148.

Israel, M., C. Ribuffo, & S. Smith. 2014. *Universal Design for Learning: Recommendations for Teacher Preparation and Professional Development.* Gainesville, FL: University of Florida, Collaboration for Effective Educator Development, Accountability, and Reform Center.

Kersey, K.C., & M.L. Masterson. 2013. *101 Principles for Positive Guidance: Creating Responsive Teachers.* Upper Saddle River, NJ: Pearson Education.

Kim, S., & R. Plotka. 2016. "Myths and Facts Regarding Second Language Acquisition in Early Childhood: Recommendations for Policymakers, Administrators, and Teachers." *Dimensions of Early Childhood* 44 (1): 18–24.

Luna, S.M. 2017. "Academic Language in Preschool: Research and Context." *Reading Teacher* 71 (1): 89–93.

McDermott, P.A., S.H. Rikoon, & J.W. Fantuzzo. 2014. "Tracing Children's Approaches to Learning Through Head Start, Kindergarten, and First Grade: Different Pathways to Different Outcomes." *Journal of Educational Psychology* 106 (1): 200–213.

Mitchell, L.C. 2004. "Making the Most of Creativity in Activities for Young Children with Disabilities." *Young Children* 59 (4): 46–49.

Mixon, C.Y. 2015. "One, Two, Three: Math as Far as the Eye Can See." *Texas Child Care* 38 (4): 25–29.

Montroy, J.J., R.P. Bowles, L.E. Skibbe, M.M. McClelland, & F.J. Morrison. 2016. "The Development of Self-Regulation Across Early Childhood." *Developmental Psychology* 52 (11): 1744–1762.

Moomaw, S. 2015. "Assessing the Difficulty Level of Math Board Games for Young Children." *Journal of Research in Childhood Education* 29 (4): 492–509.

Moreno, A.J., I. Shwayder, & I.D. Friedman. 2017. "The Function of Executive Function: Everyday Manifestations of Regulated Thinking in Preschool Settings." *Early Childhood Education Journal* 45 (2): 143–153.

NAEYC. 2020. "Developmentally Appropriate Practice." Position statement. Washington, DC: NAEYC.

Neuenschwander, R., M. Röthlisberger, P. Cimeli, & C.M. Roebers. 2012. "How Do Different Aspects of Self-Regulation Predict Successful Adaptation to School?" *Journal of Experimental Child Psychology* 113 (3): 353–371.

New Jersey State Department of Education. 2014. *Preschool Teaching and Learning Standards.*

Phillips, B.M., Y. Zhao, & M.J. Weekley. 2018. "Teacher Language in the Preschool Classroom: Initial Validation of a Classroom Environment Observation Tool." *Early Education and Development* 29 (3): 379–397.

Rademacher, A., & U. Koglin. 2019. "The Concept of Self-Regulation and Preschoolers' Social-Emotional Development: A Systematic Review." *Early Child Development and Care* 189 (14): 2299–2317.

Reed, K.E., & J. Mercer Young. 2018. "Play Games, Learn Math! Pattern Block Puzzles." *Teaching Young Children* 11 (4): 20–23.

Skibbe, L.E., H.K. Gerde, T.S. Wright, & C.R. Samples-Steele. 2016. "A Content Analysis of Phonological Awareness and Phonics in Commonly Used Head Start Curricula." *Early Childhood Education Journal* 44 (3): 225–233.

第四章　计划教师主导的活动

Alanís, I., Arreguín M., & Salinas-González, I. 2021. *The Essentials: Supporting Dual Language Learners in Diverse Environments in Preschool and Kindergarten.* Washington, DC: NAEYC.

Beecher, C.C., M.I. Abbott, S. Petersen, & C.R. Greenwood. 2017. "Using the Quality of Literacy Implementation Checklist to Improve Preschool Literacy Instruction." *Early Childhood Education Journal* 45 (5): 595–602.

Carr, R.C., I.L. Mokrova, L. Vernon-Feagans, & M.R. Burchinal. 2019. "Cumulative Classroom Quality During Pre-Kindergarten and Kindergarten and Children's Language, Literacy, and Mathematics Skills." *Early Childhood Research Quarterly* 47 (2): 218–228.

CDE (California Department of Education). 2008. *California Preschool Learning Foundations.* Vol. 1. Sacramento: CDE.

Darrow, C.L. 2013. "The Effectiveness and Precision of Intervention Fidelity Measures in Preschool Intervention Research." *Early Education and Development* 24 (8): 1137–1160.

Dotterer, A.M., M. Burchinal, D. Bryant, D. Early, & R.C. Pianta. 2013. "Universal and Targeted Pre-Kindergarten Programmes: A Comparison of Classroom Characteristics and Child Outcomes." *Early Child Development and Care* 183 (7): 931–950.

Fountas, I.C., & G.S. Pinnell. 2010. *The Continuum of Literacy Learning, Grades PreK–2: A Guide to Teaching.* 2nd ed. Portsmouth, NH: Heinemann.

Flynn, E.E. 2016. "Language-Rich Early Childhood Classroom: Simple but Powerful Beginnings." *Reading Teacher* 70 (2): 159–166.

Graue, E., S. Ryan, B. Wilinski, K. Northey, & N. Amato. 2018. "What Guides Pre-K Programs?" *Teachers College Record* 120 (8): 1–36.

Gropen, J., J.F. Kook, C. Hoisington, & N. Clark-Chiarelli. 2017. "Foundations of Science Literacy: Efficacy of a Preschool Professional Development Program in Science on Classroom Instruction, Teachers' Pedagogical Content Knowledge, and Children's Observations and Predictions." *Early Education and Development* 28 (5): 607–631.

ISBE (Illinois State Board of Education). 2020. "Illinois Early Learning and Development Standards for Preschool." Springfield, IL: ISBE.

Jenkins, J.M., G.J. Duncan, A. Auger, M. Bitler, T. Domina, & M. Burchinal. 2018. "Boosting School Readiness: Should Preschool Teachers Target Skills or the Whole Child?" *Economics of Education Review* 65: 107–125.

Jenkins, J.M., A.A. Whitaker, T. Nguyen, & W. Yu. 2019. "Distinctions Without a Difference? Preschool Curricula and Children's Development." *Journal of Research on Educational Effectiveness* 12 (3): 514–549.

McGuire, P.R., M. Kinzie, K. Thunder, & R. Berry. 2016. "Methods of Analysis and Overall Mathematics Teaching Quality in At-Risk Prekindergarten Classrooms." *Early Education and Development* 27 (1): 89–109.

Pianta, R., J. Downer, & B. Hamre. 2016. "Quality in Early Education Classrooms: Definitions, Gaps, and Systems." *Future of Children* 26 (2): 119–137.

Pianta, R.C., J.E. Whittaker, V. Vitiello, A. Ansari, & E. Ruzek. 2018. "Classroom Process and Practices in Public Pre-K Programs: Describing and Predicting Educational Opportunities in the Early Learning Sector." *Early Education and Development* 29 (6): 797–813.

Tompert, A. 1997. *Grandfather Tang's Story*. New York: Crown Publishers.

Wellberg, J. 2019. "Fostering Critical Thinking in Pre-K." *Reading Teacher* 73 (3): 377.

第五章　运用观察、记录和评价来指导教学

Alanís, I., Arreguín M., & Salinas-González, I. 2021. *The Essentials: Supporting Dual Language*

Learners in Diverse Environments in Preschool and Kindergarten. Washington, DC: NAEYC.

Buzzelli, C.A. 2018. "The Moral Dimensions of Assessment in Early Childhood Education." *Contemporary Issues in Early Childhood* 19 (2): 154–166.

Carley Rizzuto, K. 2017. "Teachers' Perceptions of ELL Students: Do Their Attitudes Shape Their Instruction?" *Teacher Educator* 52 (3): 182–202.

Chu, S.-Y., & S. Flores. 2011. "Assessment of English Language Learners with Learning Disabilities." *Clearing House* 84 (6): 244–248.

Jacoby, J.W., & N.K. Lesaux. 2019. "Supporting Dual Language Learners in Head Start: Teacher Beliefs About Teaching Priorities and Strategies to Facilitate English Language Acquisition." *Journal of Early Childhood Teacher Education* 40 (2): 120–137.

Kim, D.H., R.G. Lambert, S. Durham, & D.C. Burts. 2018. "Examining the Validity of GOLD with 4-Year-Old Dual Language Learners." *Early Education and Development* 29 (4): 477–493.

Mason, B.A., A.B. Gunersel, & E.A. Ney. 2014. "Cultural and Ethnic Bias in Teacher Ratings of Behavior: A Criterion-Focused Review." *Psychology in Schools* 51 (10): 1017–1030.

McConnell, S. 2019. "Measuring More Than Fun." *Language Magazine* 19 (1): 19–22.

NAEYC. 2011. "Code of Ethical Conduct and Statement of Commitment." Brochure. Rev. ed. Washington, DC: NAEYC.

NAEYC. 2018. "NAEYC Early Learning Program Accreditation Standards and Assessment Items." Washington, DC: NAEYC.

NAEYC. 2020. "Developmentally Appropriate Practice." Position statement. Washington, DC: NAEYC.

Ntuli, E., A. Nyarambi, & M. Traore. 2014. "Assessment in Early Childhood Education: Threats and Challenges to Effective Assessment of Immigrant Children." *Journal of Research in Special Education Needs* 14 (4): 221–228.

Regenstein, E., M. Conners, R. Romero-Jurado, & J. Weiner. 2017. "Uses and Misuses of Kindergarten Readiness Assessment Results." *Ounce of Prevention Fund Policy Conversations* 6 (1): 1–48.

Rudd, T. 2014. "Racial Disproportionality in School Discipline: Implicit Bias Is Heavily Implicated." Kirwan Institute Issue Brief. Columbus: The Ohio State University.

Salmon, A.K. 2016. "Learning by Thinking During Play: The Power of Reflection to Aid Performance." *Early Child Development and Care* 186 (3): 480–496.

Schultz, M. 2015. "The Documentation of Children's Learning in Early Childhood Education." *Children in Society* 29 (3): 209–218.

Staats, C. 2014. "Implicit Racial Bias and School Discipline Disparities: Exploring the Connection."

Kirwan Institute Special Report. Columbus: The Ohio State University.

Weitzman, C. 2019. "How Can We Support Children and Families with Information Gleaned from Developmental Screening?" *Pediatrics* 144 (6): 1–2.

Wood, C., & C. Schatschneider. 2019. "Item Bias: Predictors of Accuracy on Peabody Picture Vocabulary Test–Fourth Edition Items for Spanish-English Speaking Children." *Journal of Speech, Language, and Hearing Research* 62 (5): 1392–1402.

第六章　拓展与家长和同事的交流

AAP (American Academy of Pediatrics), APHA (American Public Health Association), & NRC (National Resource Center for Health and Safety in Child Care and Early Education). 2019. *Caring for Our Children: National Health and Safety Performance Standards; Guidelines for Early Care and Education Programs*. 4th ed. Itasca, IL: AAP.

AAP (American Academy of Pediatrics). 2016a. "American Academy of Pediatrics Supports Childhood Sleep Guidelines." HealthyChildren.org, June 13.

AAP (American Academy of Pediatrics). 2016b. "Media and Young Minds." *Pediatrics* 138 (5): e20162591.

AAP (American Academy of Pediatrics). 2018a. "American Academy of Pediatrics Says Some Common Food Additives May Pose Health Risks to Children." HealthyChildren.org, July 23.

AAP (American Academy of Pediatrics). 2018b. "Kids and Tech: Tips for Parents in the Digital Age." HealthyChildren.org, last modified October 8.

AAP (American Academy of Pediatrics). 2018c. "Physical Activity Should Be a Vital Sign of Children's Overall Health."

AAP (American Academy of Pediatrics). n.d. "Preschooler Physical Activity."

Beneke, M., & G.A. Cheatham. 2015. "Speaking Up for African American English: Equity and Inclusion in Early Childhood Settings." *Early Childhood Education Journal* 43 (2): 127–134.

Calzada, E.J., K.-Y. Huang, M. Hernandez, E. Soriano, C.F. Acra, S. Dawson-McClure, D. Kamboukos, & L. Brotman. 2015. "Family and Teacher Characteristics as Predictors of Parent Involvement in Education During Early Childhood Among Afro-Caribbean and Latino Immigrant Families." *Journal of Urban Education* 50 (7): 870–896.

Cerrillo-Urbina, A.J., A. García-Hermoso, M. Sánchez-López, M.J. Pardo-Guijarro, J.L. Santos Gómez, & V. Martínez-Vizcaíno. 2015. "The Effects of Physical Exercise in Children with Attention Deficit Hyperactivity Disorder: A Systematic Review and Meta-Analysis of Randomized Control Trials." *Child Care, Health, and Development* 41 (6): 779–788.

Czik, A., & K. Lewis. 2016. "Family Involvement in the Assessment and Instruction of Dual

Language Learners." In *Family Involvement in Early Education and Child Care*, ed. J.A. Sutterby, 143–158. Vol. 20 of *Advances in Early Education and Day Care*. Bingley, UK: Emerald Publishing Limited.

Durand, T.M. 2011. "Latino Parental Involvement in Kindergarten: Findings from the Early Childhood Longitudinal Study." *Hispanic Journal of Behavioral Sciences* 33 (4): 469–489.

Fantuzzo, J., V. Gadsden, F. Li, F. Sproul, P. McDermott, D. Hightower, & A. Minney. 2013. "Multiple Dimensions of Family Engagement in Early Childhood Education: Evidence for a Short Form of the Family Involvement Questionnaire." *Early Childhood Research Quarterly* 28 (4): 734–742.

Fisher, Y., & K. Seroussi. 2018. "Leading an Excellent Preschool: What Is the Role of Self-Efficacy?" *Quality Assurance in Education: An International Perspective* 26 (4): 430–445.

Fox, Z. 2019. "The Power of Relationships." *Educating Young Children: Learning and Teaching in the Early Childhood Years* 25 (2): 10–11.

Galindo, C., & S.B. Sheldon. 2012. "School and Home Connections and Children's Kindergarten Achievement Gains: The Mediating Role of Family Involvement." *Early Childhood Research Quarterly* 27 (1): 90–103.

Graziano, P.A., L.R. Garb, R. Ros, K. Hart, & A. Garcia. 2016. "Executive Functioning and School Readiness Among Preschoolers with Externalizing Problems: The Moderating Role of the Student– Teacher Relationship." *Early Education and Development* 27 (5): 573–589.

Guo, K. 2015. "Teacher Knowledge, Child Interest and Parent Expectation: Factors Influencing Multicultural Programs in an Early Childhood Setting." *Australasian Journal of Early Childhood* 40 (1): 63–70.

Hedges, H., & D. Lee. 2010. "'I Understood the Complexity Within Diversity': Preparation for Partnership with Families in Early Childhood Settings." *Asia-Pacific Journal of Teacher Education* 38 (4): 257–272.

Hernandez, P.R., M. Estrada, A. Woodcock, & P.W. Schultz. 2017. "Protégé Perceptions of High Mentorship Quality Depend on Shared Values More than on Demographic Match." *The Journal of Experimental Education* 85 (3): 450–468.

Honig, A.S. 2019. "Exercise Times Enhance Child Skill Building." *Early Child Development and Care* 189 (9): 1457–1464.

Jones, S.M., K. Bub, & C.C. Raver. 2013. "Unpacking the Black Box of the Chicago School Readiness Project Intervention: The Mediating Roles of Teacher Child Relationship Quality and Self-Regulation." *Early Education and Development* 24 (7): 1043–1064.

Julius, G.D. 2017. "The Importance of Parent-Provider Relationships in Early Education." *Exchange* 237 (Sept/Oct): 48–50.

Lang, S.N., A.R. Tolbert, S. Schoppe-Sullivan, & A.E. Bonomi. 2016. "A Cocaring Framework for Infants and Toddlers: Applying a Model of Coparenting to Parent–Teacher Relationships." *Early Childhood Research Quarterly* 34 (1): 40–52.

Maríñez-Lora, A.M., & S.M. Quintana. 2009. "Low-Income Urban African-American and Latino Parents' School Involvement: Testing a Theoretical Model." *School Mental Health* 1 (4): 212–228.

Massing, C., A. Kirova, & K. Henning. 2016. "The Role of First Language Facilitators in Redefining Parent Involvement: Newcomer Families' Funds of Knowledge in an Intercultural Preschool Program." *Canadian Children* 38 (2): 4–13.

Masterson, M., M. Abel, T. Talan, & J. Bella. 2019. *Building on Whole Leadership: Energizing and Strengthening Your Early Childhood Program*. Lewisville, NC: Gryphon House.

McWayne, C., R. Campos, & M. Owsianik. 2008. "A Multidimensional, Multilevel Examination of Mother and Father Involvement Among Culturally Diverse Head Start Families." *Journal of School Psychology* 46 (5): 551–573.

Moen, A.L., S.M. Sheridan, R.E. Schumacher, & K.C. Cheng. 2019. "Early Childhood Student–Teacher Relationships What Is the Role of Classroom Climate for Children Who Are Disadvantaged?" *Early Childhood Education Journal* 47 (3): 331–341.

Mortensen, J.A., & M.A. Barnett. 2015. "Teacher–Child Interactions in Infant/Toddler Child Care and Socioemotional Development." *Early Education and Development* 26 (2): 209–229.

NAEYC. 2018. "NAEYC Early Learning Program Accreditation Standards and Assessment Items." Washington, DC: NAEYC.

NAEYC. 2020. "Developmentally Appropriate Practice." Position statement. Washington, DC: NAEYC.

NAEYC. n.d. "Principles of Effective Family Engagement."

Nguyen, U.S., S. Smith, & M.R. Granja. 2018. "Helping Early Care and Education Programs Assess Family Engagement Practices and Plan Improvements: Results of the Georgia Family Engagement Planning Tool Pilot". New York: National Center for Children in Poverty, Mailman School of Public Health, Columbia University.

Nitecki, E. 2015. "Integrated School–Family Partnerships in Preschool: Building Quality Involvement Through Multidimensional Relationships." *School Community Journal* 25 (2): 195–219.

NYSED (New York State Education Department). 2019. "The New York State Prekindergarten Learning Standards: A Resource for School Success." Albany, NY: NYSED.

OPRE (Office of Planning, Research, and Evaluation, Administration for Children and Families). 2011. "Family–Provider Relationships: A Multidisciplinary Review of High Quality Practices and Associations with Family, Child, and Provider Outcomes." Issue Brief OPRE 2011-26a.

Washington, DC: OPRE.

Owen, M.T., J.F. Klausli, A. Mata-Otero, & M.O.B. Caughy. 2008. "Relationship-Focused Child Care Practices: Quality of Care and Child Outcomes for Children in Poverty." *Early Education and Development* 19 (2): 302–329.

Pan, T. 2018. "Study on the Influence of Exercise on Children's Cognitive Learning Ability." Educational Sciences: Theory and Practice 18 (5): 1940–1947.

Pate, R.R., & J.R. O'Neill. 2012. "Physical Activity Guidelines for Young Children: An Emerging Consensus." *Archives of Pediatrics and Adolescent Medicine* 166 (12): 1095–1096.

Powell, D.R., S.-H. Son, N. File, & R.R. San Juan. 2010. "Parent–School Relationships and Children's Academic and Social Outcomes in Public School Pre-Kindergarten." *Journal of School Psychology* 48 (4): 269–292.

Pratt, M.E., S.T. Lipscomb, & S.A. Schmitt. 2015. "The Effect of Head Start on Parenting Outcomes for Children Living in Non-Parental Care." *Journal of Child and Family Studies* 24 (10): 2944–2956.

Ruprecht, K., J. Elicker, & J.Y. Choi. 2016. "Continuity of Care, Caregiver–Child Interactions, and Toddler Social Competence and Problem Behaviors." *Early Education and Development* 27 (2): 221–239.

Schmit, S., & H. Matthews. 2013. "Better for Babies: A Study of State Infant and Toddler Child Care Policies." Washington, DC: Center for Law and Social Policy.

Sosinsky, L., K. Ruprecht, D. Horm, K. Kriener-Althen, C. Vogel, & T. Halle. 2016. "Including Relationship-Based Care Practices in Infant-Toddler Care: Implications for Practice and Policy."

Suizzo, M.-A., L.E. Tedford, & M. McManus. 2019. "Parental Socialization Beliefs and Long-Term Goals for Young Children Among Three Generations of Mexican American Mothers." *Journal of Child and Family Studies* 28 (10): 2813–2825.

Velez-Ibanez, C.G. 1988. "Networks of Exchange Among Mexicans in the U.S. and Mexico: Local Level Mediating Responses to National and International Transformations." *Urban Anthropology* 17 (1): 27–51.

Virmani, E.A., A.-M. Wiese, & P.L. Mangione. 2016. "Pathways to Relational Family Engagement with Culturally and Linguistically Diverse Families: Can Reflective Practice Guide Us?" In *Family Involvement in Early Education and Child Care,* ed. J.A. Sutterby, 91–115. Vol. 20 of *Advances in Early Education and Day Care*. Bingley, UK: Emerald Publishing Limited.

Wolf, E. 1966. *Peasants.* Englewood Cliffs, NJ: Prentice-Hall.

Wright, T.S. 2011. "Countering the Politics of Class, Race, Gender, and Geography in Early Childhood Education." *Educational Policy* 25 (1): 240–261.

Yahya, R., & E.A. Wood. 2017. "Play as Third Space Between Home and School: Bridging Cultural Discourses." *Journal of Early Childhood Research* 15 (3): 305–322.

Yang, W., & H. Li. 2019. "Changing Culture, Changing Curriculum: A Case Study of Early Childhood Curriculum Innovations in Two Chinese Kindergartens." *Curriculum Journal* 30 (3): 279–297.

Zauche, L.H., T. Thul, A.E.D. Mahoney, & J.L. Stapel-Wax. 2016. "Influence of Language Nutrition on Children's Language and Cognitive Development: An Integrated Review." *Early Childhood Research Quarterly* 36 (3): 318–333.